Andrea Kraus

Lichtkörpersymptome

Band II

Dem Chaos folgt Ordnung!

Haftung

Die Informationen dieses Buches sind nach bestem Wissen und Gewissen dargestellt. Sie ersetzen nicht die Betreuung durch einen Arzt, Heilpraktiker oder Psychotherapeuten, wenn Verdacht auf eine ernsthafte Gesundheitsstörung besteht. Weder Autorin noch Verlag übernehmen eine Haftung für Schäden irgendwelcher Art, die direkt oder indirekt aus der Anwendung des Inhalts dieses Buches entstehen könnten.

Bitte fordern Sie unser kostenloses Verlagsverzeichnis an:

Smaragd Verlag
In der Steubach 1
57614 Woldert (Ww.)
Tel.: 02684-97848-10
Fax: 02684-97848-20
E-Mail: info@smaragd-verlag.de
www.smaragd-verlag.de

Oder besuchen Sie uns im Internet unter der obigen Adresse.

© Smaragd Verlag, 57614 Woldert (Ww.)
Deutsche Erstausgabe Juni 2012
Cover und Fotos Innenteil: Andrea Kraus
Umschlaggestaltung: preData
„Dorje – Schutzsymbol der Buddhas": Andrea Kraus
Acryl auf Hartfaser
Satz: preData
Printed in Czech Republic
ISBN 978-3-941363-79-3

Andrea Kraus

Lichtkörpersymptome

Band II

Dem Chaos folgt Ordnung!

Smaragd Verlag

„Dorje – Schutzsymbol des Buddhas", Andrea Kraus, Acryl auf Hartfaser

Widmung

Dieses Buch widme ich allen lichtvollen und inspirierenden Menschen, denn sie sind es, die das Lichtnetz für die Menschheit immer feiner ziehen. Sie synchronisieren ihr Sein im Geist der Neuen Zeit und erbauen damit die Neue Erde. Mögt ihr euch – auch durch dieses Buch – mit mir verbunden fühlen.

Ich widme es ebenso allen lichtvollen irdischen Führern, die uns liebevoll vorangehen und nach eigenen tiefen Prozessen umfassende Transformation und Klärung erfahren haben, sodass sie nun in der Lage sind, vielen Menschen den neuen Weg zu zeigen. Sie haben ihren Lichtkanal viele Jahre genutzt und weit ausgedehnt, damit die anschwellenden Ströme des aufsteigenden Dunkels in voller Lichtkraft transzendiert werden können.

Ich bitte dich, liebe Leserin, lieber Leser, nun einzutauchen in das neue Energiefeld, das mit vielen lichtvollen Geistwesen und -welten synchron mit dem Zeitgeist kreiert wurde. Fühle dich umarmt, geliebt, geborgen, erleuchtet und inspiriert.

ICH BIN eins mit dir.

So wünsche ich allen lieben Seelen, die mein Buch mit dem Herzen lesen, dass sie mit jeder Faser ihres Körpers die Wellen der Energien empfangen und sich durch den Inhalt wie durch das spezielle Frequenzportfolio bereichert und erfüllt fühlen.

Quantenstaub,
Andrea Kraus

Über die Autorin

ICH BIN JETZT HIER – insofern gibt es kein Alter mehr, und es ist für mich nicht mehr relevant. Im Kristallkörperprozess regenerieren wir innerhalb der nächsten Jahre unsere Körper so weit, dass wir davon ausgehen können, uns mehr und mehr zu verjüngen, wobei die Körpermatrix am längsten braucht. In all den Jahren meines Lebensprozesses durchlief ich viele weltliche und natürlich noch mehr geistige Ausbildungen, die ich bereits in anderen Bänden aufgezählt habe.

Was mich ausmacht ist eine besondere Energie, die ich gerne kraftvoll einbringe, um umfassende Klärungen und Aktivierungen für andere Seelen und Seelengruppen durchzuführen. Im Lichtkristall-Zentrum und Verlag (und an jedem anderen Ort, an den ich gerufen werde) gebe ich gerne meine Erfahrungen und Energien weiter (Seminare, Workshops, Meditationen, Heilkreise, Heilschlafabende, Quanten-Behandlungen, Coachings und mehr).

Mit meinen Ideen und den Produkten, die ich daraus materialisiere (Bücher, CDs, Kristallgemälde, Kristallmedien, Energy-Produkte und vieles mehr), fließen die Ströme der geistigen Ebenen zu allen Mitmenschen, die sich dadurch inspiriert fühlen mögen. Das ist mein Beitrag für die Menschen und unsere Neue Erde.

www.lichtkristallportal.de
lichtkristall99@t-online.de

Inhalt

Wichtiger Hinweis

Alle im Buch aufgeführten Empfehlungen und Anleitungen ersetzen nicht den Arzt oder Apotheker! Ich gebe keine HEIL-VERSPRECHEN und bitte darum, alle Übungen und Meditationen sowie Gesundheitstipps in eigener Verantwortung zu nutzen. Wie sich das Körper-Geist-Seele-System des Menschen durch die Übungen verändert, liegt nicht in meiner Hand, sondern immer in der bewussten Entscheidung jedes Einzelnen.

Die Macht des Heilseins liegt ausschließlich in jedem selbst! Niemand sonst kann Verantwortung für Krankheiten oder Probleme gesundheitlicher Art übernehmen. Und ich appelliere an jeden, hier dem eigenen Schutz und der eigenen Heilkraft nach seinem ganz persönlichen Dafürhalten gerecht zu werden. Das ist das Recht eines jeden Menschen.

Vorwort

Wahrlich, wir sind JETZT HIER! Jeder von uns Lichtträgern spürt es deutlich, dass sich die neue Matrix entfaltet hat. Wir alle haben hierfür eine fantastische Arbeit geleistet – jeder auf seiner Position und so, wie er sich selbst ermächtigt hat. Umfassende Erkenntnisse konnten wir gewinnen und darüber hinaus grandiose Lichtsprünge vollziehen.

Natürlich geht die kristalline Transmutation unseres menschlichen Leibes im Stakkato voran. Aus den Lichtkörpersymptomen, die wir aufgrund des Wandels unserer Lichtkörper (seit 1987) durchlaufen haben, wurden mittlerweile handfeste Kristallkörpersymptome, die den Prozess kennzeichnen, den wir Menschen gerade durchlaufen (seit 2007). (Daher müsste der Buchtitel zumindest geändert werden.) Doch auch hier gibt es keine Demarkationslinie.

Es geschieht nach der jeweiligen Bewusstseinsausdehnung des Einzelnen. Spätestens jetzt ist die Bewusstseinsschulung essenziell für jede Seele, da sie sich sonst in ein begrenzendes Abseits lavieren könnte. Denn wir haben zu entscheiden, ob aus unserer heiligen Rückkehr in das vollkommene SEIN ein Aufstieg oder ein nicht enden wollendes Symptom-Syndrom wird.

Die geistigen Werkzeuge, die wir dafür im Herzen tragen, können und müssen nun täglich in Gebrauch genommen werden, um unseren neuen/alten Körper durch die schroffen Abgründe des aufbrechenden Dunkels und nie gekannte Höhen des einschießenden kosmischen Lichtstroms zu lancieren.

Unser wichtigstes Arbeitsutensil bleibt der Werkzeugkoffer, der auch durch dieses Buch ein weiteres Mal gut bestückt werden kann. Das wichtigste Drehkreuz, woraus wir dies in effizienter Weise bewirken, ist unser HERZ.

Nun – was geschieht JETZT? Was kommt nach 2012?

Die Energien bewegen sich noch spritzlebendiger, als sie es bereits in diesem Moment sind. Jeder Gedanke beginnt sich nun fix zu materialisieren, und in diesem Kontext erscheint jede Diagnosestellung als ein Rückfall in die alte Energie-Ära. Alle Worte, die das, was wir derzeit durchlaufen, beschreiben, sind nur „geflügelte" Brücken für unseren Verstand. Er will immer noch häppchenweise versorgt werden, damit er sich für seine Transformation bereiterklärt.

Indes erschließen wir innerhalb des aktivierten Herzuniversums eine bewegliche Zeitmatrix, durchstreifen neue (alte) Räume und dringen tiefer und weiter vor. Zeitraffer-Abläufe, die wir tagtäglich bereits in der Weltpolitik, in der Wirtschaft, an der Börse, selbst beim Wetter sowie im alltäglichen Leben beobachten können, werden mitunter zu Comic ähnlichen Sequenzen.

Durch alle Herausforderungen sind wir nun hindurchgeflossen. Durch unzählige Aufs und Abs, durch kilometerlange, stockdunkle Tunnel zum hoffnungsvollen Licht am anderen Ende. Durch zähflüssigen, knietiefen Schlamm der Lebensfurchen in eine hochschwingende, inspirative Leichtigkeit der neuen Ära.

Immerhin haben wir **drei** Aspekte unseres SEINS zu meistern: Körper, Geist und Seele. Keinen können wir ausklammern. Gerade wenn die Körperebene hochaktiv im Strudel der einschießenden Lichtenergien zu schlingern beginnt, kann unser hoher Geist zu Hilfe eilen und in Kenntnis der Zusammenhänge umsortieren.

Das bedeutet gleichermaßen, dass wir auch diese drei Aspekte ERDEN müssen. Ein Stück weit helfen uns dabei die Werkzeuge in diesem Buch. Doch hierüber ist noch längst nicht das letzte Wort gesprochen, und es wird einen weiteren Band geben, der weitere Schleier erlösen kann.

Liebe Seele, du kannst nun teilhaben an der Energie meiner Erfahrungen. Ich möchte dich einmal halten und trösten und dann wieder im Vertrauen ziehen lassen. Eben genauso, wie im wirklichen Leben. Denn wir sind hier, weil wir es vereinbart haben! Sei von Herzen offen und frei, dann werden dich inspirierende Wellen erreichen, die wir in wundervollen Schwingungsräumen erschaffen haben.

Und: Vergessen wir in aller Transformationsbenommenheit nicht das Wichtigste: UNSER LEBEN. Das LEBEN ist schlicht das Spirituellste, was es gibt!

Hier eine Brise lichtkristallisierter Sternenstaub für DICH. (*)

*An dieser Stelle würde ich immer ein Smiley setzen, doch der Verlag löscht das raus... (Liebe Andrea: Du sollst dein Smiley (☺) bekommen, Anmerkung des Verlags.)

Kapitel I

Natürliche Heilkräfte

Übernimm Verantwortung

Durch viele Spaltungen und (selbstbestimmte) Trennungen unseres Wesens in eine Vielzahl von Aspekten lernen wir erst im Prozess der wahren Rückverbindung wieder, mit allen Ebenen EINS zu SEIN. Ein Großteil der Menschen hat den Kontakt zu ihrer Seele und zum Geistigen vielleicht aufgrund widriger Lebensumstände, Leidenswege oder anderer Gegebenheiten verloren. Sie spüren sehr deutlich, dass ihnen etwas Entscheidendes abhanden gekommen ist, wissen aber nicht, was. So suchen sie manchmal ihr Leben lang ohne Erfolg. Sie fühlen sich einsam und verlassen, hegen Suizidgedanken oder verrennen sich in der Suche nach der „besseren Hälfte". Wer da auszog, um zu suchen, kann niemals wirklich finden…

Manche verstricken sich durch den Verlust immer weiter und werden darüber abhängig von künstlichem Ersatz wie Arbeitssucht, Spielsucht, Trunksucht, Drogensucht, Sexsucht, Esssucht usw. Oder sie können sich nicht trennen – von ihren Eltern, Partnern, Kindern, Haustieren, Jobs, Häusern und den darin angestauten Lebenserinnerungen. Sie haben tiefe Wurzeln geschlagen und sind schließlich unverrückbar festgefahren und verklebt. Wir erleben sie als störrische Alte, chronisch Süchtige, selbstzerstörerische Verlassene oder leidende Hinterbliebene.

Wer sich außerhalb seines Selbst verwurzelt, wird immer ein Problem haben, wirklich frei zu sein.

Vielfach haben nun diese Ersatzkonstruktionen einen großen Teil an Lebensenergie gebunden, sodass dem eigenen Körper nur noch ein kläglicher Rest bleibt, um gerade so zu überleben. Oft schafft er auch das nicht mehr, er erkrankt – weil nicht geachtet oder gehasst – und gibt schließlich „den Löffel" ab.

Die Dramen häufen sich zunehmend, und wir alle sind tagtäglich Zeuge ihrer unmittelbaren Entfaltung: in unseren Familien, der Nachbarschaft oder auf der Arbeit. Nicht zu vergessen die fast täglichen Hiobsbotschaften in den Nachrichten.

Nun – es gibt Möglichkeiten der Abhilfe, und es gibt uns als spirituelle Berater und Energieüberträger, als „Prozesserfahrene" über viele Jahre und Jahrzehnte! Wir als geistig versierte und fühlende Wesen können ihnen selbstverständlich behilflich sein, ohne sie andererseits an uns festzubinden (diese Gefahr besteht gerade in den angesprochenen Fällen). Doch den Weg zu uns müssen sie selbst finden und unsere Hilfe WERTschätzen und wirklich annehmen wollen.

Auch Gurus und Sekten haben leider Hochkonjunktur in der Endzeit, von den Religionsgemeinschaften ganz zu schweigen. Hier ist klares Unterscheidungsvermögen gefragt.

Vorschnell werden Schamanen und Heiler aber von Unwissenden auch abgestempelt. Ich erlebte es selbst, als ich von einer Frau, die sich in ihrem eigenen Dunkel verfangen hatte, so mir nichts, dir nichts, als „SEKTE" (ich allein, wohlgemerkt...) bezeichnet wurde. Das verbreitete sich in dem kleinen Ort, in dem ich wohne, wie ein Lauffeuer. Nicht viel später pfiffen es schon die Spatzen vom Rathausdach, und – das musst du dir vorstellen: Der stellvertretende Bürgermeister (dem ich noch nie begegnet war!) warnte in einem leise und scheinbar flüchtig gesprochenen Satz vor mir wie vor einer riesigen Gefahr. Was glaubst du, wie ich gerudert bin im Transformationsstrahl, um diesen Kram wieder aufzulösen! Hängen wir uns dort richtig herein, haben wir kaum eine Chance, und die Dämonen der Macht ziehen uns Energien ab, ohne Rücksicht auf Verluste! Später sprach dann niemand mehr darüber. Gott sei Dank haben wir unseren Werkzeugkoffer gut bestückt!

Geht es den Menschen schlecht, führt sie meistens der erste (und leider oft letzte) Weg in die Arztpraxis. Dagegen wäre nichts einzuwenden, würden sie sich nicht in den Fängen der Gesundheitsindustrie und in deren verfilzten Geflechten verheddern. In meinem Umfeld und Bekanntenkreis nehmen einige psychologische Marathonsitzungen in Anspruch und werden dabei von verlorenen „Sklaven" des Systems betreut – jahrelang ohne Erfolg. Sonst wären die Nervenheilanstalten schließlich leer, anstatt übervoll.

Sie bekommen „weiße Drogen" und landen später mehr oder weniger vergiftet (Dyskrasie der Säfte) an der Dialyse, in der Psychiatrie oder auf dem Abstellgleis Pflegeheim. So sind sie dem weiteren bekannten Szenario ausgeliefert. Und das alles, weil sie sich selbst nicht spüren (wollen), sich selbst nicht mehr begegnen (wollen), sich anderen überlassen (wollen). Selbstverständlich meine ich hier nicht die aussichtslosen Fälle, in denen es keine andere Möglichkeit mehr gibt – und diese treten leider häufiger auf, als uns lieb ist.

Ich gehe davon aus, dass es dir, die/der du diese Zeilen liest, hoffentlich nicht so ergangen ist. In meiner Erfahrung gibt es leider zahlreiche Beispiele.

Alle lieben Seelen, die Probleme haben, können Hilfe erwarten. Woher? Von sich selbst!

Das heißt nicht, dass sie sofort ihren Hausarzt verlassen und die Krankenversicherungsverträge aufkündigen sollen. NEIN – um Gottes willen! Und schon gar nicht in dieser Zeit. Ich möchte an dieser Stelle wirklich eine Lanze für die Schulmedizin brechen, obwohl ich dieser selbst immer kritisch gegenüberstand (beziehungsweise noch stehe). Doch auch aus höherer Sicht ist es für den gesamten Prozess nicht sinnvoll, in der Zeit der großen Herausforderungen auf die schnelle Eingreiftruppe zu verzichten. Mehr noch: Es ist sogar äußerst dienlich, wenn wir bewusste Wesen endlich damit beginnen, die Gesundheitsindustrie ebenso WERTzuschätzen! (Ja, ich weiß, diese Worte aus meinem Munde... Doch es wurde mir von geistiger Ebene aufgetragen, hierauf einzugehen.)

Eins steht jedoch zur Überlegung: Jeder darf ab jetzt seine Krankheiten und Befindlichkeiten in die eigene Verantwortung nehmen. Das ist etwas völlig anderes als zu sagen: Ärzte brauchen wir nicht mehr! Es bedeutet: Du entscheidest, wer dir zu welcher Zeit behilflich sein darf. Du entscheidest, wohin du dich wenden willst und begibst dich nicht in gesellschaftskonforme Abhängigkeiten. Du bist dir selbst voll und ganz im Klaren darüber, was du willst und was nicht. Allein diese klaren Entscheidungen werden dich auf völlig neue Wege lenken, und du wirst erstaunt sein, welche vielfältigen Heilungsmöglichkeiten sich dir offenbaren.

Die Möglichkeiten, mit Energie zu arbeiten, lernen wir meistens erst zu einem Zeitpunkt schätzen, wenn wir ein vermeint-

20

lich unlösbares Problem mit Hilfe energetischer Interventionen in den Griff bekommen haben. Wir fühlen uns hinterher erfolgreich, entspannt, vitalisiert und irgendwie glücklich. All das, was im Alltagsgeschehen vielfach auf der Strecke bleibt.

Ja, es ist immer ein Hauch von „zu Hause sein", wenn wir in vertrauter Runde in diese Räume eintauchen. Was außer dem Handauflegen oder den mitfühlenden Worten und Gesten des Heilers (Energieüberträgers) noch geschieht, können wir nicht ermessen.

Der Energiekosmos hat sich in diesen Augenblicken ausgedehnt (weil wir uns weit geöffnet haben), und es gibt wunderbare Fügungen auf den höheren Lichtebenen, die wir erst viel später (wenn überhaupt) bemerken. Strukturen brechen auf, wenn wir sie lieben!

Monsieur? Ja – nein? Ich warte auf dein Statement...
Hallo, Herein! ICH BIN HIER!
(Saint Germain (SG) kam wie eine Lawine vom Dach hereingeflutscht, ich hörte es noch ein wenig zischen...).

SG: Mon dieu! Wie bezeichnest du meine hochkarätigen Fortbewegungsmöglichkeiten? Meine Liebe, davon träumt ihr doch noch alle!

A: Äh, ja klar. (Er kichert in sich hinein, und ich muss zunächst nachschlagen, wie dieses Wort in Französisch geschrieben wird, ich habe keine Ahnung. Doch es passt zu ihm, oder? Tsss…).

SG: Was zischelst du da?

A: Nichts. Ich meine bloß – bitte kein Französisch! Ich muss es nicht haben. (Ich werde dieses französische Gefühl neuerdings nicht los, wenn er spricht. Ich habe es in einem anderen Channeling gelesen und mich da wohl infiziert. Ich brauche einen Schuss geistige Antibiotika. Saint Germain wartet auf der Schwelle und würde zu gerne hier noch einige Einflechtungen machen. Später bitte! Der Abgabetermin...)

SG: Weißt du, meine Teure, dieser Laut (tsss) – zersprenkelt Energien. Sei dir dessen bewusst. Du kannst solche Laute einsetzen, um Ansammlungen von Energien aufzulösen. Selbstlaute hingegen haben wieder ordnende Eigenschaften. Seht auf eure Kinder, sie machen es euch vor. Noch bevor sie richtig sprechen können, drücken sie alles durch Laute aus. Und was tönt da nicht alles aus ihren Kinderzimmern... Ihr könnt viel darüber lernen, wenn ihr euch dafür interessiert. In der Tierwelt ist es ähnlich. Eure tierischen Begleiter kommunizieren mit euch über Laute und Gebärden. Laute tragen eine bestimmte Frequenz, die ihren Energien Ausdruck verleiht.

A: Oh, danke, sehr liebenswürdig.

SG: Nun weiter im Text. In der Tat möchten wir euch nahelegen, das gesamte Geschehen wirklich aus der höheren Ebene zu betrachten. Dafür haben wir dich einige Male angestupst. Und entschuldige, wer sich für mediale Kommunikation meldet (auf physischer wie geistiger Ebene), der darf vor eigenen Prozessen nicht zurückscheuen! So öffnest du dir selbst die neuen Werkzeuge und Möglichkeiten, bringst die Energien in das

*wachbewusste Sein und deine Körpererfahrung. Wir loben hier
deinen Mut zur Selbsterkenntnis!*

A: Oh, danke für die Blumen!

*SG: Es geht an dieser Stelle um das Durchdringen we-
sentlicher Fakten bezüglich eurer Manifestationen. Mit den
Widerständen, die ihr in den eigenen Reihen gegen das alte
(schulmedizinische) Regime, die alte Macht, aufbaut, errichtet
ihr dicke Mauern. Ihr sorgt akribisch dafür, dass sich die alten
Strukturen nicht erlösen! Könnt ihr das sehen?*

*So oft haben wir es euch in unseren Botschaften über-
bracht. Wenn ihr Meister in eurer Vibrationsstufe einen Gedanken hegt und ihn dann auch noch emotional aufladet, bleibt die
Manifestation doch nicht aus! Was glaubt ihr? Ihr verfestigt geradezu die alte Ebene!*

*Vielmehr solltet ihr unmittelbar erkennen, dass diese Struk-
turen nur dann vom Wind der Erneuerung profitieren, wenn ihr
sie respektiert. Gerade in dieser Zeit, in der eine Vielzahl von
euch an Symptomen leidet und manchmal nicht mehr aus noch
ein weiß. Hier darf sich jeder selbst der Nächste sein. Ihr solltet
die Möglichkeiten der schnellen Versorgung aufgrund beste-
hender Strukturen nicht in Abrede stellen!*

*Erkennt, Geliebte, dass euch allen harte Zeiten bevorste-
hen und sich nicht jeder in spirituelle Hände begeben kann.
Noch nicht. Ihr würdet es gar nicht schaffen. Seid ihr euch dessen bewusst?*

*Was euch selbst betrifft: Entscheidet nach eurem inneren
Gefühl. Doch viele Menschen sind noch nicht an dem Punkt.
Das habt ihr liebevoll und mitfühlend zu akzeptieren. Sie ha-
ben sich weiter abgetrennt als ihr und brauchen dringend eure*

bewusste Ausrichtung, um ihren Weg ebenso zu finden wie ihr.

So verändert jetzt eure Ansichten und Absichten und wisst, dass ihr dieses Bewusstsein ins Morphogenetische Feld prägt. Transformiert zunächst in euch, was euch so sehr in Widerstände zwingt, und dann lasst es los. Wir warten diesbezüglich auf eure Signale

Hört auf, Berichte verzerrter Szenarien zu verfolgen, die durchs Netz flattern. Lasst es sein, Filme anzusehen, die wieder den zigsten Fall des medizinischen Fehlgriffs demonstrieren. Lasst die Lügen der Pharmakonzerne nicht weiter euer Herz (und das vieler anderer Menschen) verletzen. Es sind eure eigenen Illusionen. Ihr habt sie erschaffen, und nur ihr könnt sie erlösen. Geht gelassen damit um und kümmert euch ausschließlich um die Dinge, die ihr in euch spürt. Nehmt die Aufmerksamkeit (und damit die Energieversorgung) der alten Welt und ihrer Strukturen zu euch zurück. Das gilt übrigens für ALLE Bereiche, die der gründlichen Erneuerung bedürfen.

Atmet, was euch hier schwer werden lässt, weg und löst es auf. Steht zu eurer Wut, zu euren Aggressionen, und befreit sie durch euer liebendes Herz!

Es gibt bereits viele Mediziner – sie sind liebende Seelen –, die auf den neuen Schiffen ihre Segel setzen. Erleichtert es ihnen, auf Kurs zu kommen und zu bleiben. Darum bitten wir euch – jetzt!

Nachstehend eine kleine Transformationsübung, bei der ich euch mit meiner violetten Flamme zur Seite stehe. Ihr könnt diese – wohlgemerkt – für alle Bereiche gleichermaßen einsetzen:

- *Atme in dein Herz. Atme hoch und tief.*
- *Empfange meinen violetten Transformationsstrahl in deinem Herzen.*
- *Spürst du, dass ich mit dir bin?*
- *Öffne dein Herz weit und sieh dir an, warum du diesen Groll oder diese Abneigung gegen das schulmedizinische System sowie gegen die Pharmaindustrie hegst. (Setze hier Politik, Wirtschaft, Finanzsystem usw. ein.)*
- *Was geschah in deinem Leben oder im Leben anderer Menschen, wodurch du diese Gefühle aufgebaut hast?*
- *Sieh dir alles an und lass es frei fließen.*
- *Hab den Mut zu erkennen, dass es vielfach deine Projektionen sind, die dir aus deinem Umfeld zurückgespiegelt werden. Denn du bist EINS mit Allem-was-ist! Wie willst du jemand anderen dafür verantwortlich machen? Wie willst du in der Energie des Einen deinem Gegenüber eine Schuld zuweisen? Kannst du deinen Part hier erkennen?*
- *Nun übernimm Verantwortung für deine Projektionen.*
- *Öffne dein Herz immer weiter und nimm alle Menschen und Situationen mit hinein, an die du diesbezüglich denken musst.*
- *Vergib ihnen und SEGNE, was geschehen ist.*
- *Dehne dazu dein Herz-Liebes-Licht zunächst über dich selbst und später in einer runden Sphäre über diese Bereiche aus.*
- *Schwinge so lange in diesen Räumen, bis du das Gefühl hast: Es ist alles gut so, wie es ist.*
- *Komme dann langsam ins Hier und Jetzt zurück.*

Du bist nun mutig hindurchgeflossen und hast ein Stück weit in höchster geistiger Potenz für die Erneuerung dieser Strukturen gesorgt. Wir applaudieren dir, geliebte Seele!
Adieu, bis bald!
Euer Transformationskursleiter Saint Germain.

Initiiere dich

Die bekannten Folgen der Prozesse können uns alle immer noch empfindlich treffen. Da brauchst du oft viel MUT, um weiterzugehen. Natürlich wird es Zeiten geben, in denen es dir schlecht geht, obwohl du bereits die tiefen Senken verlassen hattest.

Ein „schöner" Prozess steht ins Haus. Jetzt weißt du auf jeden Fall, was zu tun ist. Nur ist es dieses Mal nicht der Tiefpunkt, an dem du ankommen solltest, sondern sehr wahrscheinlich eine neue Lichtstufe, auf die du befördert wirst. Davor durchwanderst du aber noch einmal so richtig das Tor des Schmerzes, was mit der Öffnung deiner Systeme zu tun hat, die so lange verschlossen waren. Es ist so, als würdest du in eine alte Burg kommen, die unter dem Staub und der Patina der Jahrhunderte begraben lag. Dort öffnen sich Türen und Tore auch nicht wie geschmiert. Meistens müssen wir hier und da noch ein wenig Hand anlegen und mit einem kräftigen Ruck nachhelfen.

Wir brauchen nur aufmerksam unsere direkte Umgebung zu beobachten, um uns bewusst zu werden, was läuft. Denn wir sind ja EINS mit unserem Haus, unserem Auto, unserem Unternehmen usw.

Eine kleine Story

Als ich die Arbeit an diesem Buch nach längerer Pause wieder aufnahm (sicher spürt ihr die unterschiedlichen Energien trotz Überarbeitung), brach zum Beispiel die Bodenluke herunter, und so war eine dauerhafte Öffnung nach oben geschaffen, wo alle Geister nun fröhlich durchflutschen. (☺)

Während des Schreibens bekam ich dann Krämpfe im Herzen und im Rücken zwischen den Schulterblättern, die so gar nicht wieder weggehen wollten. Ich war nun zu ausgedehnter Ruhe gezwungen und schlief viel (ja, liebes Smaragd-Team, jetzt wisst ihr, warum alles immer irgendwie länger dauert...). Doch die Schmerzen wichen nicht. Im Gegenteil: Es wurde sogar so schlimm, dass ich die Eingebung bekam, ich müsste (nach zehn Jahren Abstinenz) zu einem richtigen Arzt mit Stethoskop und zum EKG. Gedacht, getan.

Beim Arzt wurde mir dann noch übler, und ich musste mich auch noch in der Praxis übergeben. Alles war gebläht – furchtbar! Die Ärztin, eine gute Bekannte, wollte mich wegen eines sehr schlechten Wertes im Blut gleich ins Krankenhaus schikken. Dort kam heraus, dass das Herz völlig in Ordnung war, es war die liebe Bauchspeicheldrüse. Nun sollte ich, wenn schon nicht ins Krankenhaus (nach unterschriebener Erklärung), ab sofort nur noch trinken, weil es sonst sehr gefährlich sein könnte usw. Als ich die Information (die ich einfach brauchte) bekam, nahm ich sofort eine Quantenheilung vor, und schon am nächsten Tag war alles besser. Ich musste nie fasten (klar hätte es mir gut getan. Doch versteht, ihr Lieben, dass bei dem hohen Arbeitspensum über den Tag hinweg eine Fastenkur mit Entgiftungen auf der breiten Linie überhaupt keine Option darstellt.

Aaah, die Anhaftungen! Zum richtigen Zeitpunkt geschieht die Wandlung!). Hmm ... gestern lag sie noch hier, die Tüte Schokomandeln. Morgens um 9.00 Uhr.

Ich werde an dieser Stelle einmal aufzählen, was ich täglich bewege, damit es für euch einigermaßen nachvollziehbar wird und ihr seht, welch eigenartiges Wesen ich bin.

Morgens um 9.00 Uhr, nach meiner Kristallschädelmeditation im Bett, nehme ich mir täglich vor, Yoga zu machen. Das klappt dann regelmäßig – eher nicht (OM). Dann folgt der erste Gang zum Computer, wo mich zig Mails erwarten, die ich beantworten sollte. Die ersten Anrufe kommen (dann habe ich noch nicht gefrühstückt), und es „hagelt" Probleme von bekannten und unbekannten Klienten. (Ich liebe euch alle!)

Das Verlagsgeschäft (meines Kleinverlags) will bewegt werden. Da gibt es Organisationen, Überwachung der Druckaufträge, Designs zwischendurch (wirklich), neue Projektideen, Absprachen mit den Marketing-Unternehmen, Bestückung der Grossisten...

Waren müssen versandt werden: Das bedeutet im Kleinverlag, selbst verpackt (natürlich mit Liebe), adressiert und zur Post gebracht. Für den Shop will neue Ware in Empfang genommen, begutachtet, sortiert, verstaut und gegebenenfalls weiterverarbeitet werden (zwischendurch).

Gerne ereignen sich auch nette kleine Unvorhersehbarkeiten, ich sage dir – ZU gerne! So maunzte gestern unser Kater, weil er irgendwelche Wehwehchen hatte, und ich musste mit ihm erstmalig seit fünf Jahren zum Tierarzt (gerade jetzt...). Mach mal einem kleinen, ängstlichen Kater klar, dass du nur zehn Minuten Zeit hast für die Prozedur mit Käfig, Fahrt und Vorstellung usw...Tief ein- und ausatmen!

Seminare wollen organisiert und vorbereitet werden. Dafür sind Absprachen mit befreundeten Therapeuten zu treffen, die das Ganze organisieren. Plakate, Flyer, Skripte sind anzufertigen... Ja, klar, auch Meditationen zu sprechen, zu verarbeiten und zu brennen.

Alle neuen Termine, Projekte – kurz: alle Energien müssen dann noch im Internet einsehbar sein. Und so versehe ich ganze fünf Internetseiten mit dem sprühenden Fluss meiner Energien.

Dann ist da mein momentanes Lieblingsprojekt, das Omspirit Magazin, für das mir täglich neue Ideen eingegeben werden, die ich einzubringen habe. Für die Seiten des Magazins gibt es weitere Autoren und Redakteure, mit denen ich Absprachen treffe und deren Artikel ich durcharbeiten beziehungsweise noch redigieren muss. Gleichzeitig bauen sich fast von selbst neue Verzweigungen und Synergien auf, die ebenso respektvoll angenommen werden wollen.

Zwischendurch meldete sich Isis bei mir, ich solle nach Ägypten. Also musste diese Reise auch noch geplant und organisiert werden. Selbstverständlich laufen bei mir Arbeit und Erholung in einem Raum zusammen, und so gilt es, auch dafür die Vorbereitungen zu treffen (so nebenbei).

Dann wartet das Buchprojekt auf seine Vollendung...

Gegen 17.00 Uhr komme ich dann in die entsprechende Energie, es fließen zu lassen – für EUCH alle, denen meine Erfahrungen weiterhelfen können. Sehr gerne tue ich das, sehr sehr gerne! Daran wirken wir gemeinsam (mit all jenen, die durch die Dachluke hindurchflutschen. Du erinnerst dich?) physisch und geistig etwa bis ein, zwei oder auch drei Uhr nachts.

Habe ich noch etwas vergessen?
Ach ja, meine Termine an zwei Tagen in der Woche, meine Abendveranstaltungen, die Meditationen und der Heilschlaf dreimal im Monat, meine Fernheilungstermine öfter... Meine Goldfluss CD habe ich auch zwischendurch noch aufgenommen.

Das, liebe Seele, die du meine Zeilen liest und schmunzelst, war nur der Monat Januar! Hm.

Sagt jetzt noch jemand, dass wir nicht aus der Fünften Dimension heraus agieren??? Es gibt sie ja, die superspirituellen Oberschlaumeier, die meinen, man hätte yogisch im weißen Gewand den ganzen Tag im Gebet und in der Verzückung zu verharren (☺ kann ich da nur sagen!). Welch eine Ödnis!

Diese sitzen doch in den Höhlen des Himalaja, wie wir aus den Büchern Jan van Helsings erfahren haben. Der Große Geist hätte uns dahin gesandt, wenn wir gleichlautenden Auftrag bekommen hätten. Haben wir aber nicht!

Um die Worte von Saint Germain noch einmal zu erwähnen: Sieht es hier (und auf der Welt) etwa nach Urlaub aus?

Mein Ruf: Auf nach ÄGYPTEN! Auch dort dürfen wir uns einbringen. (Ich bin echt gut drauf, oder nicht? Wo ich so knapp dem Kranken- (und Siechtums-)haus entwichen bin, lebt es sich richtig knackig!)

Das wollte ich hier aufzeigen. Es sind nur neue Lichtstufen, die wir „hochgetreten" werden, keine Krankheit. Als Schöpfer sorgen wir selbst dafür, ob wir es so nehmen oder als etwas anderes diagnostizieren lassen. Ob wir uns im logischen Verstand und Glauben, mit schlechten oder guten Werten, mit beweisendem oder ohne Röntgenbild daran haften.

Die Highlights sind dann solche frohen Botschaften wie heute, wenn mich Menschen anrufen, die ich vor knapp fünf Tagen behandelt habe.

In diesem Fall war es eine Frau, die komplett erledigt mit Blutkrebs seit Wochen im Krankenhaus liegt und kaum noch Lebensmut hatte. Sie kommt morgen nach Hause, weil es ihr so gut geht, dass sie entlassen werden kann. Gott ist mein Zeuge, dass es stimmt. Soll ich da den ganzen Tag beten? Natürlich tue ich das, liebend gerne sogar. Vor allem nachts, während des Schlafs, habe ich dazu grenzenlos viel Zeit. (☺)

♥♥♥

All-ES er-reichen durch Nicht-Tun

Eins steht über allen Kapiteln dieses Buches:

All-ES er-reichen durch NICHT-TUN.

Wieso?, magst du dich jetzt vielleicht fragen. Wo ich doch soeben beschrieben habe, wie sich der Strom durch mich bewegt.

Hier sehen wir wieder, wie ein einzelnes „s" zum Fanghaken werden kann. Selbstverständlich tut jeder genau das, wofür er gekommen ist, und diese Inhalte öffnen sich, je mehr die Seelenverbindung komplettiert ist. Daher kommt es, dass wir manchmal eine Leerlaufphase genießen dürfen, bevor die nächsten großen Anforderungen auf uns zurollen. Kennst du das?

Um es klar darzustellen: Oben steht nicht „NICHTS tun", wie es seltsamerweise von einigen Meistern(!) aufgefasst wird. Sie tun daher größtenteils NICHTS. Und wenn sie dann endlich gerufen werden, TUN sie viel zu viel. Genau hier liegt der Hase im Pfeffer! Eine Verdrehung...

Es bezieht sich auf die Dinge, die sich blubbernd oder aufschreiend an der Oberfläche des Körpers wie des Lebens zeigen: Blockaden, Themen, Symptome. Plausibler ausgedrückt: Indem du diesbezüglich nicht mehr TUST, entfaltet ES sich von ALL-EIN(S). Das ist unsere Aufgabe und unser Vermächtnis.

Aaaah... Viele werden jetzt aufatmen, denn es hört sich leicht an. Ist es das? Nicht ganz. Kein Karmaabtrag, kein Aufarbeiten mehr, kein Analysieren, keine Ursachensuche, keine

Rückführungen? Ja, vielleicht, wenn es dir Spaß macht. Es bedeutet auch, keinen Aktionismus zu zeigen, keine Gegenmaßnahmen zu ergreifen usw.

Und doch wirst du die Prozesse deutlich in den Knochen und in deinem Umfeld (wie zuvor beschrieben) spüren. Du bestimmst jedoch die Leichtigkeit deines Seins zunehmend selbst, indem du dich täglich beziehungsweise stündlich darauf ausrichtest. Auch und gerade, wenn du am Abgrund stehst.

„Tue" es vielleicht auf diese Art: „Ich erkenne jetzt dankbar an, was ist, und wähle neu!"

Hast du es wieder einmal vergessen? Dann gehe in deine Absicht! Ich meine die Entscheidungen, wie du dich zum Beispiel fühlen und welche Realität du zu dir ziehen möchtest.

All-ES funktioniert ausschließlich über das VERSCHMELZEN. Alle Symptome bergen alte Themen, verlorene Aspekte, die anklopfen, um angenommen und geliebt zu werden. So halte sie die Weile, die es braucht, im Gewahrsein deines Herzens. Einen anderen Raum, um die vielen verlorengegangenen Fragmente deiner Ganzheit zu integrieren, gibt es nicht.

Wenn es doch so leicht ginge, höre ich da? Und: Wann bin ich endlich durch?

Wir haben viele Inkarnationen auf Erden gelebt. Was meinst du, was davon noch alles in dir ist? Es erlöst sich Schicht um Schicht.

Außerdem hast du Jahrzehnte dieses Lebens damit zuge-bracht, gegen deine Krankheiten und Befindlichkeiten vorzuge-hen, und das vielfach mit professioneller Hilfe, was zu jeder Zeit richtig und gut war. Doch JETZT bist du hier, in diesem Raum. Hier hast du neue Möglichkeiten! Kannst du das fühlen? (Wenn ja, fühle dich an dieser Stelle herzlich umarmt.)

Öffne dich den Botschaften deiner Symptome, ehe du ge-gen die Krankheit vorgehst. Mit unserem entgegengerichteten Wirken erzeugen wir große Widerstände und Reibungen, die das Drama nur verstärken. Darüber hinaus halten wir an Illusi-onen fest. Wir beschäftigen eine ganze Krankheitsindustrie, um Diagnosen zu bekommen, Schlüsse ziehen zu lassen, Thera-piepläne zu entwickeln. So erhärten wir diese Energien bis zur Chronifizierung.

Früher gab es diese große Anzahl chronisch Kranker nicht. Es gab auch nicht so viele Ärzte, Krankenhäuser, Krankheiten und längst nicht so viele Medikamente dagegen. Doch die Rela-tionen haben sich auf Kosten der Volksgesundheit verschoben. Deshalb ist es so wichtig, dass wir uns dessen bewusst werden! Um die Transformation auf allen Ebenen einzuleiten – vorerst noch mit Unterstützung der Medizin –, wenn nötig.

Das Spirituellste ist: LEBEN

Inspiration mit El Morya und der geistigen Familie

Wir grüßen euch liebevoll und segnen euch aus dem Raum des Einen. In diesen Zeilen möchten wir euch auf einen besonderen Umstand aufmerksam machen, denn da ihr nachgefragt habt, scheint es hier einigen Aufklärungsbedarf zu geben.

(Meine Frage bezog sich auf unsere früheren Einweihungen durch Reiki und andere Energietechniken.)

Wir sehen, ihr Lieben, dass es Meisterseelen innerhalb eures menschlichen Feldes gibt, die sich sozusagen etwas verfangen haben. Da einige unter euch die Entscheidung getroffen haben, zu warten, hängen sie nun gänzlich im eigenen Geflecht alter Überzeugungen und Muster fest. Ihre damals teuer erworbenen Werkzeuge sind durchwirkt mit den Frequenzen der alten Ebenen und deren Dichte. Als solche waren sie nur für diesen Zeitabschnitt bestimmt. Ihr seid jedoch den Kinderschuhen längst entwachsen.

Was passiert also mit der bestehenden Matrix, an die sich immer noch eine große Zahl Meister andocken?

Es ist ein kraftloses Feld, in das sich nun verstärkt düstere Frequenzen einnisten. Noch vor Jahren diente es euch als eine Art Energiereservoir, als eine Geistverbindung der Meister untereinander. Viele Wesen konnten sich durch ihre Anbindung an Symbole, Mantren oder gezielte Rituale mit dieser Energie verbinden. Alle diese früheren Techniken waren zu dieser Zeit perfekt, doch nun seid ihr darüber hinausgewachsen.

Ihr werdet täglich mit Energien konfrontiert, die aus weit entfernten kosmischen Räumen hereinkommen. Wie wollt ihr diese Energien umfassend integrieren, wenn ihr euch so festhaltet? Ihr könnt es nicht, zumindest nicht vollständig. Da diese altenergetische Matrix nicht offen und fließend ist, wurde sie zu einer Art Grausphäre, die sich mit letzter Kraft erhalten will. Wie? Nun, sie profitiert von den Energien der offenen Geister, die sich in diese Ebene einfinden. Sie füttern auf unbewusste Weise die alten Energien, die dort ums Überleben kämpfen. Und das mit ihrer wertvollen Kraft und materiellen Wertschätzung!

Einige erwachende Meisterseelen trugen dazu bei, dass eine frische Brise in die Festgefahrenheit wehte und diese sich dadurch etwas lösen konnte. Doch wirklich weiter kamen diese Seelen leider nicht, da sie mehr oder weniger keine neuen Potenziale entfalten konnten. Einfacher erklärt: Sie gaben durch sich selbst mehr, als sie jemals davon profitieren konnten.

Es ist vergleichbar mit vielen Segmenten der Welt, zum Beispiel mit den Banken. Jahrzehntelang habt ihr euer Kapital dorthin gebracht, und sie wurden fett und mächtig. Nun, da sie aus allen Nähten platzen und marode sind, können sie immer noch nicht rasch zusammenbrechen, da sie wiederum große Finanzspritzen vom Staat (das heißt: von euch) erhalten. Ihr füttert sie ordentlich weiter und wundert euch, warum die Reformationen des Finanzsystems so lange andauern. Jede Buchung, jede Kartenzahlung, jede horrende Bankgebühr (Lächeln) – da werden euch die Millionen still und unbemerkt aus dem Kreuz (auch Statik, Standfestigkeit) geleiert. Das ist ebenso eure Kraft, ihr Geliebten!

Wir wollen euch nichts vorschreiben. Ihr entscheidet selbst, was eurer Entwicklung dienlich ist. Es sind Hinweise, mit denen ihr nach eigenem Empfinden verfahren könnt. Wir sehen jedoch das größere Bild. Und wir sehen in diesem Bezug, dass einige Meister nicht mehr in Resonanz mit ihrem höchsten Potenzial sind.

In der alten Energie habt ihr eure hohen Meisterseelen gar als „Schüler" bezeichnet, und eure Verbindung zu eurem Meister oder Guru hielt oft ein Leben lang, ohne dass ihr seinen Rang erreichen konntet, was eine Degradierung war. Das Gegenteil von Graduierung, die ihr gerade durchlauft. (Lächeln)

Die Meister waren aufgrund dieser Gegebenheiten damals gefordert, die Energien zu halten, ohne in die höhere Ebene zu wechseln, was von Vorteil und wichtig für den Prozess und ihr Überleben sowie das ihrer Anhänger war. Bei aller Trennung gab es diese große Gemeinschaft.

Von Volk und Vaterland gemobbt, verlacht und diskriminiert, konnten sich die spirituellen Sucher nun öfter in die weltfremden Ashrams, in abgeschiedene Retreats flüchten, um ihre Kräfte und ihre geschundene Seele dort ein wenig aufzubauen. Doch jetzt wachst ihr täglich und stündlich weiter in euer vollständiges Bewusstsein. Löst euch aus den alten Energien und fließt mit im neuen Strom der Zeit, der für jeden wertvolle Kapazitäten bereithält.

Wir sehen, dass dies ein Thema für viele Seelen ist, die noch etwas festhängen. Wir sehen, dass einige Meister energetisch an ihren Schülern ziehen und selbst nicht aus dem un-

begrenzten Strom der Erfüllung schöpfen. Lasst zu, dass sich solche Strukturen in eine Neuausrichtung bewegen können. Durch euch fließen die Ströme, ihr seid diese Strukturen! Betrachtet die Dinge, mit denen ihr euch umgebt, aus einem anderen Blickwinkel und entscheidet auf der Basis eures Gespürs.

Unzählige Zeichen, die euch von anderen Zivilisationen vermittelt wurden, dienen nur einer bestimmten Frequenzebene. Manchmal waren sie nur dafür gedacht, um eine Welle auszulösen, einen gezielten Input zu setzen, damit Dinge sich entwickeln konnten. Doch nicht für die Ewigkeit. Diese Zeichen und Symbole sind – wie die Kornkreise – zu einem bestimmten Zweck zu euch geflossen. Ist dieser erfüllt, sind sie gewissermaßen wertlos. Seht ihr das jetzt klarer?

Natürlich gibt es durchaus auch andere Symbole, die durch verschiedene Dimensionen hindurch wirken. Doch diese fließen weder mit dem breiten Strom esoterischer Ausbildungen noch durch Bücher und Magazine herein. Die Zeichen sind von hohem geistigen Standard und werden nur berufenen Priestern unter sehr klar definierten Voraussetzungen geschenkt. Außerdem wirkt die Lichthülle solcher Insignien ebenso durch Zeit und Raum. Menschen, die von der heiligen Konklave nicht erwählt wurden, können damit natürlich nichts anfangen.

Ihr allein bestimmt euren Weg. Wir sind als Berater und Helfer hier, weil wir es mit euch so vereinbart haben, und wir greifen nicht ein, weil das nicht unsere Aufgabe ist. Und doch erinnern wir euch daran, die alten Spiele nun zu beenden. Das unendliche geistige Vermögen steht abrufbereit. Wollt ihr es integrieren? Die Tore der Schöpfung haben sich weit geöffnet.

Werdet ihr eintreten? Ihr habt die Möglichkeit erhalten, eure Wirklichkeit zu verändern. Lebt ihr nach eurer freien Entscheidung und Wahl?

Geliebte, ihr alle seid jetzt am Zug! Und zwar JETZT!

Ihr seid hier, um dem Prozess zu dienen. Doch was ist täglich aus eurem Mund zu hören?: „Ohne Geld geht es auch nicht" (geht schon, das werdet ihr noch erleben), „Den Job muss ich mir doch erhalten", „ich tue es nicht gerne, aber ich muss ja wohl", und so weiter. Diese Lektionen habt ihr hinter euch, doch ihr lebt, als bekämt ihr den Unterschied zur Vergangenheit nicht mit. Wir könnten freundlich nachhaken und fragen: Wann beliebt es euch, in der NEUEN ZEIT anzukommen? Die Energien verändern sich rasant. Wenn ihr euch zwei Wochen Auszeit gönnt, werdet ihr feststellen, dass sich bei eurer Rückkehr nichts mehr so verhält wie zuvor.

Bewegt euch weiter und versenkt euch nicht in kleinkrämerischen Chaos- und Opferspielen. Beginnt zu leben – etwas Spirituelleres gibt es nicht! Lebt in vollen Zügen, kostet es auf allen Ebenen aus! Entledigt euch alter Verlustängste und entsteigt eurer Daseinskrücke. Nur so kann sich die Neue Erde entfalten – durch euch! Wartet nicht auf andere. DIESE seid ihr selbst.

Ihr wisst durch viele Kanäle, dass es so weit ist und seid nach den Jahren des Wartens JETZT und HIER angekommen. Die großen Wandlungen und Umwälzungen, die vielen Wunder geschehen jetzt! Setzt eure Schritte mutig auf die Neue Erde. Wir warten sehnsüchtig darauf! Verändert euch. Nehmt eure

Prozesse bereitwillig an und verwechselt es dieses Mal bitte nicht mit einer Oberflächenveredlung...

Geht in die Tiefe, erfahrt eure Urkraft, die aus eurer Herzquelle emporsprudelt.

Wartet nicht – wisst: Die Welt wartet auf euch!

Ich segne euch mit dem Licht der Weisheit.

Sonnentor zum Atmen und Spüren

Andrea Kraus, „Sonnentor" – Acryl auf Leinwand, 11/2011

Das Wesen der Sonne

Unsere Sonne – die größte sichtbare Energiequelle unserer Galaxie – ist nicht nur erleuchtend und erhebend, sondern fördert alle unsere spirituellen Prozesse mit ganzer Intensität. Sie hat heilende, reinigende, transformierende und aktivierende Kraft in bezug auf unser gesamtes Energiesystem sowie auf den leiblichen Körper, und damit auf jede einzelne Zelle.

Die Sonne ist ebenso ein beseeltes Wesen wie alle anderen Planeten und Himmelskörper. Viele außerirdische Lichtgeschwister, zum Beispiel die Plejadier, haben uns offenbart (unter anderem durch Barbara Marciniak), dass die Sonne in jeder Zeit unseres Lebens einen Informationstransfer durchführt, indem sie einmal unsere Felder liest und den jeweiligen spirituellen Entwicklungsstand erfasst. Diese Informationen können höherstehende Wesen (unter anderem über die Aussendungen, das heißt, die Strahlen der Sonne) abrufen, um so mit uns leichter zu kommunizieren.

Auf der anderen Seite können wir uns für einen geballten Datentransfer des Lichts öffnen, um unser Leben sowie die Entfaltung unseres vollkommenen Seins auf höchster Ebene zu unterstützen. Der Informationstransfer geschieht – wie sonst – in Lichtgeschwindigkeit. Wir erhalten so geniale Updates, ohne es vielleicht vollständig zu realisieren. Erst viel später bemerken wir, wenn uns ein „Licht" aufgeht oder wir plötzlich kreative Einfälle haben und das neues Wissen durch uns fließt.

Drei Sonnen existieren in und um den Planeten, mit denen wir geistig in Kontakt treten können: Die Zentralsonne – Alcyone

– aus dem Sternbild der Plejaden (Platin, kristallines Weiß), die planetare Sonne innerhalb der Erde (Silber) und unsere sichtbare Sonne (Gold). Zum Platinstrahl gab es von Metatron (durch Tyberonn, www.earthkeeper.com) eine interessanten Botschaft:

„...der Platinstrahl, ein allmächtiger, energetischer Strahl multidimensionaler Resonanz. Der Platinstrahl ist wesentlich für die Ausbalancierung des kommenden Aufstiegs. Er birgt in sich, was als der Kode des Universellen Gesetzes, des Kosmischen Axioms, bezeichnet werden kann. In seiner Frequenz hält er universelle Wahrheit, multidimensionale Wahrheit, die sich in jeden Aspekt des Kosmos hinein ausdehnt und in ihn übergeht. Er trägt die gefühlte Wahrnehmung der nährenden weiblichen Frequenz, entspricht jedoch in Wirklichkeit dem optimalen Gleichgewicht von beidem, der weiblichen und der männlichen Schwingung. Der Platinstrahl entspricht der Einheit und dem Gleichgewicht, die in der Tat das Gefälle zwischen den linken und rechten Aspekten des Gehirns verringern. Er vereinigt Bewusstsein und hilft, eine großartige Synchronizität des Geistes innerhalb der Dualität zu erschaffen.“

Die Verbindung mit der Zentralsonne Alcyone ermöglicht cinc cffcktive Beschleunigung unseres spirituellen Wachstums, eine Anbindung an die kosmische Akasha. Mit ihrer Hilfe aktivieren wir die bedingungslose Liebe, die Weisheit und das Quellbewusstsein in uns.

Wenn wir auf geistigen Reisen oder in Meditationen zur Quelle reisen, schwingen wir mit der galaktischen Sonne – Alcyone. Alle Ströme unseres SEINS kommen in Einklang mit Allem-was-ist. Das ist die spirituelle Sonne, mit der sich seit

Menschengedenken erleuchtete Yogis und weise Priester verbunden haben. (Das Wissen steht uns zur Verfügung!)

Durch die Kommunikation mit der planetaren Sonne können wir tieferliegende Zusammenhänge in irdischen Themen erkennen und eventuell Einblicke in die irdische Akasha bekommen. So verschmelzen wir auch mit dem Kraftpotenzial und den Frequenzströmen der Erde, was uns in Zeiten des Aufstiegs die Füße am Boden halten lässt. Des Weiteren bauen wir über dieses Portal den Kontakt zu den Völkern von Innererde auf.

Sind die Verbindungen mit der höheren und der tieferen Sonne eher nach einiger spiritueller Vorbereitung möglich, so ist es doch jedem Menschen vergönnt, sich auf unsere sichtbare Sonne einzuschwingen, denn sie aktiviert unser Feld, fördert die Präsenz, die Kreativität und die Öffnung des inneren Wissensschatzes. Auf Körperebene trägt sie dazu bei, dass wir in freudiger Hochstimmung sind, weil sie als Katalysator spezifische hormonelle Prozesse ankurbelt.

Sind wir auf Empfang, bedeutet das Sonnenbad Regeneration und Heilung auf körperlicher, seelischer und geistiger Ebene. Die Sonne bringt das Licht der Seele in uns zum Leuchten. Meditationen mit der Sonne sind für jeden Menschen eine wunderbare Praktik, um Energien aufzubauen und in eine gute Schwingung zu kommen. Die Verschmelzung mit „Bruder" Sonne ist somit ein Weg, der uns tiefer zu uns selbst führt und uns mit dem gesamten Universum in Harmonie bringt.

Oft verstärken sich intuitive Fähigkeiten und der Ausdruck des Herzens. Wir können die Liebe zu uns und zu allen Wesen intensiver fühlen. Ist unsere Aura sonnig und strahlend, fällt es uns leichter, präsent und mit den geordneten Schwingungen der Natur in Resonanz zu sein. Ist es nun verwunderlich, wenn wir spirituelle Seelen so sonnenhungrig sind? (Es gibt noch so viel mehr über die Gelegenheiten der Sonnen-Tor-Wege zu erzählen, und ich werde mich für weitere Informationen öffnen – vielleicht in einem nächsten Buch.)

Im alten Ägypten und auch in anderen Hochkulturen wussten die Eingeweihten sehr wohl, welches Potenzial im Sonnenlicht liegt, um es für die spirituelle Entwicklung zu nutzen. Es gab direkte Einweihungswege, die erforderten, minuten- bis stundenlang mit offenen Augen in die Sonne zu schauen, was freilich eine große Überwindung bedeutete. Und nur diejenigen, die das Licht aushielten, waren bereit für höhere Initiationen. Durch die Konzentration auf die Sonne war es den Adepten möglich, ihr Feld durch die hochfrequente Strahlung auszudehnen und dadurch die irdischen und kosmischen Zusammenhänge besser zu erkennen. Sicher hat es damals den geistig Orientierten viel mehr genutzt als geschadet, denn der Kenntnisstand der Hochkulturen auf geistiger Ebene ist dem unserer Zivilisation immer noch weit voraus!

Hohes Wissen besitzt eine hohe Schwingung. Menschen ohne spirituelle Ausrichtung sind oft gar nicht in der Lage, die Komplexität, die darin liegt, zu erkennen oder zu erfahren. Es ist sogar so, dass uns Intellektuelle (also reine Kopfmenschen) trotz ihrer Schlauheit nicht verstehen können, weil ihr Herz noch nicht aktiviert ist und ihnen dadurch die entsprechende Bewusstseinsausdehnung fehlt. Davon abgesehen, ist Bewusstsein mit dem begrenzten Verstand sowieso nicht zu „verstehen".

Stellt sich uns abschließend noch eine Frage: Sollen wir nun wirklich die Sonne meiden, wo es geht? Es besteht Hautkrebsgefahr, hören wir laufend, Sonnenbrand dringt in die tiefen Hautschichten und verletzt sie, alles gefährlich und gesundheitsschädlich! Mein Gott, wenn das die Pflanzen alles wüssten, da würde doch kein Grashalm mehr wachsen, keine Mohrrübe mehr das Licht der Welt erblicken und kein Apfel seine Bäckchen in der schönen Abendsonne röten, oder?

Beim ersten zarten Sonnenstrahl im Frühjahr werden von der „verblendeten" Menschheit gerne große schwarze Sonnenbrillen getragen. Und das meistens, bevor sie sich selbst wieder vollständig auftanken und klären konnten. Sieh dich im Frühling in der Fußgängerzone um. Du wirst lachen, wenn du dieses Szenario siehst. Nimm die Brille ab, kann ich dir nur empfehlen. (☺) Die Menschheit braucht die Augenblicke der erwachten Meister. Hallelujah!

Ich habe selbst hin- und wieder das Sonnengucken ausprobiert und hatte manchmal dabei Kopfschmerzen wegen der Ausdehnung der Zirbeldrüse. Nach einer kurzen Weile war jedoch alles wieder in Ordnung, und die neuen Ideen kamen nur so hereingeflattert – bis zum heutigen Tag. Denn wie heißt mein Lieblingsmantra: Meine Kreativität ist GRENZENLOS!

Entweder lauschen wir nun gespannt den Überlieferungen des jahrtausendealten Wissens der Ägypter (zum Beispiel der Mayas, der Urvölker usw., die alle mehr oder weniger den Sonnenkult betrieben haben), oder den teuer umworbenen Irreführungen der macht- und geldgierigen Konzerne, die ihre Plastikartikel oder Chemiebomben (Sunblocker) für horrende

Summen millionenfach auf den Markt schmeißen. Wir können weiterhin mit diesem Zeug unsere Haut krank machen oder uns lieber ein weißes Leinenhemd überstreifen, wenn wir gerade am Nil stehen.

Wir können uns entspannt in ein spirituelles Dating mit der Sonne begeben, oder mit großen dunklen Brillen (unbewusstes Verstecken der Augen aus Angst, erkannt zu werden) jegliches Licht von den Augen (Tore zur Seele) fernhalten, anstatt die in unserer Breite eher dünn gesäten Lichtstrahlen anzunehmen. Wir können mit dem göttlichen Licht verschmelzen (alles ist EINS), oder weiterhin die medizinischen Abhandlungen über Hautkrebs und Melanome studieren und angstvoll jedes Leberfleckchen kontrollieren.

Noch vor cirka 50 Jahren kannte kein Mensch in unserer Breite eine Sonnenbrille. Mein Opa nutzte in der sengenden Mittagssonne lediglich ein kariertes Leinentaschentuch mit einem Knoten an jeder Ecke und setzte es sich immer verschmitzt lächelnd auf seine Glatze. (Ihr könnt euch ja vorstellen, wie das aussah... Ich liebe dich, Opa! Ach, da schaut er gerade rein, wie schön. Wie geht es dir denn so? Er lächelt genauso verschmitzt wie damals. Hat er dich angesteckt, an deine Großeltern zu denken? Und ging dein Herz auf? Genau, dazu ist er gekommen!)

Mit unseren Entscheidungen, die auf unseren Glaubenssätzen beruhen, modellieren wir unsere Wirklichkeit. Wer sagt denn, dass wir alte, verstaubte, untauglich gewordene und teilweise von den Eltern (ich kenne es nicht anders), dem Massenbewusstsein (das war schon immer so) oder aus den Medien übernommene Glaubenssätze nicht JETZT loslassen können?

Spürt in euch. Fühlt ihr nicht auch, wie die Sonne euch wärmt und liebt, wie sie Mutter Erde liebt sowie alle Tiere und Pflanzen auf ihr?

Kämen diese etwa auf die Idee, sich Sunblocker aufzustreichen? Oder habt ihr schon einmal eine Kuh oder ein Pferd mit Sonnenbrille gesehen?

♥♥♥

Jungbrunnen Sonne

Wenn wir uns die Zeit nehmen und uns ganz relaxt dem Sonnenbad hingeben, können wir durch unser Bewusstsein diese Energien wirksam in unser System lenken. Stellen wir uns dazu vor, wir hätten ein erkranktes oder geschwächtes Organ, zum Beispiel die Nieren, und wollten es in seiner Heilung unterstützen. Dazu atmen wir gleichmäßig und sanft, öffnen uns weit, kommen ins Herz und richten unsere ganze Aufmerksamkeit auf die Sonne.

Nun stellen wir uns vor, dass die geballte Ladung an Sonnenenergie jetzt als ein Strahl über unser Herz in unser Organ fließt. Es kann eine Weile dauern, doch dann spüren wir, dass sich unser Organ anders anfühlt. Es könnte sogar drücken und sich überenergetisiert anfühlen, da die Sonnenenergie hohe Ordnungskraft besitzt. Wichtig bei dieser Art des heilsamen Sonnenbades ist vor allen Dingen, dass wir spüren, wie wir unser Feld und das Organ öffnen, um das Licht zu empfangen. Das können wir nicht nur mit dem Kopf festlegen! (Ich sehe gerade mein Buch auf einer Sonnenliege am Meer liegen. Toll, ihr Lieben, finde ich klasse. Dann macht gleich einen kleinen geistigen Ausflug mit mir (die da am Meer sind): Schaut auf das Meer, fühlt euch wohl und atmet senkrecht. Schaut auf zwölf, oder, besser, einundzwanzig Menschen in eurem näheren Umfeld. In diesem Augenblick fließt eine Welle aus diesem Buch zu ihnen. Was geschieht? Lächeln sie? Du wirst staunen! Fühle die Energie in deinem Umkreis. Ist das nicht toll? Da brauchst du keine Sonnenbrille mehr. Saint Germain ist übrigens auch mit von der Partie...)

(Platz für noch eine Welle? Thema Schönheitsbad. ICH LIEBE ES! Schau aufs Meer, den Ozean oder den See. Atme tief das Wesen des Wassers. In diesem Moment formt sich eine Quantenwelle aus diesem Buch über dein Feld in das gesamte Gewässer. Spürst du die Kraft, die Leidenschaft? Ich selbst bade geistig gerade im Meer. Ich bin EINS mit dem Wasser, und ich habe es oft studiert. Das Bad ist bereitet, nun geh schwimmen und fühle, wie energetisiert das Wasser ist. Ich habe es Hunderte Male ausprobiert, es funktioniert. Dieser geniale Schlingel...)

Genauso können wir uns für die Heilfrequenzen der Sonne öffnen, die unseren Körper verjüngen. Dazu gehen wir ähnlich wie vorher beschrieben vor. Doch nun öffnen wir unser gesamtes Feld ebenso wie die Sonne (also strahlenförmig) und laden die Sonne über unser Herz und unsere Seele ein, die systemrelevanten Lichtwellen zu senden, die unserer Regeneration dienlich sind. Wir können beobachten, dass solche Sonnenbäder wesentlich gesünder für unsere Haut sind als die Grillhähnchenvariante.

Sonnenaktivierung der Zähne

Als härteste Komponente des menschlichen Systems sind die Zähne mit Kristallen vergleichbar. Wie diese haben sie die Möglichkeit, Frequenzen in sich zu speichern. So steht dem Organismus (und den verbundenen Organen) über lang anhaltende Phasen Energie zur Verfügung.

Jeder einzelne Zahn – gleichgültig, ob gesund oder krank – hat einen Einfluss auf die ihm zugeordneten Organe. So kann ein kranker Zahn auch das korrelierende Organ an den Abgrund bringen, anderseits sind gesunde Zähne nicht nur rein äußerlich ein Zeichen für Schönheit und Vitalität. Über jedem Zahn befinden sich laut Traditioneller Chinesischer Medizin ein bis zwei Akupunkturpunkte, deren Leitbahnen die zugeordneten Organe energetisch versorgen.

Könnt ihr euch nun vorstellen, dass es sehr förderlich ist, wenn wir unsere Zähne, die als Batterien unseres Körpers dienen, nun täglich mit Sonnenlicht aufladen? Mit Hilfe des Bewusstseins, indem wir es beschließen?

Lacht in die Sonne und sprecht: „Kraft meiner ICH BIN-Gegenwart speichere ich jetzt alles Sonnenlicht in meinen Zähnen. So sei es." Fertig.

Zähne und Organbezüge (von oben rechts bis unten links, ZA-Sicht)

Rechte Seite Oberkiefer   Linke Seite Oberkiefer

18	17/16	15/14	13	12/11	21/22	23	24/25	26/27	28
Herz Dünndarm	Pankreas Magen	Lunge Dickdarm	Leber Gallenblase	Niere Blase	Niere Blase	Leber Gallenblase	Lunge Dickdarm	Milz Magen	Herz Dünndarm
Duondenum ZNS Psyche	Kieferhöhle Speiseröhre	Nasennebenhöhlen, Siebbeinzellen	Auge Hüfte, Knie	Urogenitalsyst., Ohr Stirnhöhle	Urogenitalsyst., Ohr Stirnhöhle	Auge Hüfte, Knie	Nasennebenhöhlen, Siebbeinzellen	Kieferhöhle Speiseröhre	Duondenum ZNS Psyche
Schulter	Knie	Schulter	Keilbeinhöhle	Stirnhöhle	Stirnhöhle	Keilbeinhöhle	Schulter	Knie	Schulter
Ellenbogen	Pankreas	Bronchien	Tonsillen	Tonsillen	Tonsillen	Tonsillen	Bronchien	Pankreas	Ellenbogen

48	47/46	45/44	43	42/41	31/32	33	34/35	36/37	38
Schulter Ellenbogen	Bronchien Nasennebenh.	Lymphgef. Brustdrüse	Keilbeinhöhle Tonsillen	Stirnhöhle Tonsillen	Stirnhöhle Tonsillen	Keilbeinhöhle Tonsillen	Lymphgef. Brustdrüse	Bronchien Nasennebenh.	Schulter Ellenbogen
Ileum Mittelohr, periph. Neven	Siebbein-zellen	Kieferhöhle Larynx	Auge, Hüfte Knie	Urogenitals. Ohr	Urogenitals. Ohr	Auge, Hüfte Knie	Kieferhöhle Larynx	Siebbein-zellen	Ileum Mittelohr, periph. Neven
Herz Dünndarm	Lunge Dickdarm	Pankreas Magen	Leber Gallenblase	Niere Blase	Niere Blase	Leber Gallenblase	Milz Magen	Lunge Dickdarm	Herz Dünndarm

52

Reflexzonen aufladen

Als ich das erste Mal diese Idee umsetzte, traute ich meinen Augen nicht. Wir hatten einen straffen Winter, und es lagen teilweise bis zu vier Meter hohe Schneeberge auf den Straßen und Wegen. So war es uns nicht einmal möglich, auch nur wenige Schritte zu gehen, da wir immerfort in den verwehten Schnee einbrachen und bis zu den Knien im glitzernden Weiß stecken blieben. Nach einigen Metern gaben wir schließlich auf und trampelten mit unseren Füßen eine Stelle frei, auf der wir einigermaßen fest stehen konnten.

Wir wendeten uns der Sonne zu und ließen uns berieseln. Nach etwa einer halben Stunde kam ich auf die Idee, nun auch die Reflexzonen der Hände sowie die energetischen Handkristalle aufzuladen (in jedem Finger und in der Handfläche).

Ich hielt also bewusst meine Hände in die Sonne, bildete ein Dreieck mit Daumen und Zeigefingern und lud so meine Handzonen auf. Am Abend schaute ich meine Hände an – sie waren immer noch stark gerötet, was ich sonst nicht kenne. Wow, eine kraftvolle Möglichkeit! Natürlich ist diese Variante für Heiler, Therapeuten und Masseure besonders zu empfehlen.

Optimaler Sauerstoffgehalt

Dies ist für Menschen mit Atemwegssymptomatiken (hier öffnen sich meistens dunkle Energien aus früheren Inkarnationen, die sich über das Tor der Bronchien und Lungen ihren Weg bahnen und oft Jahre brauchen, um sich restlos zu transformieren) eine Hilfe, um ihre Sauerstoffreserven im Blut aufzustocken. Denn durch das ziehende Atmen ist nicht jederzeit die beste O_2-Versorgung gewährleistet:

- *Fühle dich mit deinem Körper und deiner Seele verbunden.*
- *Atme bewusst ein, indem du dein Feld weit öffnest.*
- *Zentriere dich und atme senkrecht durch deinen Kanal.*
- *Mach einen tiefen Atemzug, dann halte die Luft an.*
- *Sprich zu dir selbst: „Optimale Sauerstoffversorgung für jede meiner Zellen Jetzt!"*
- *Es passiert, du bist der Schöpfer!*

Meridiane, Nadis und die neuen Elemente

Meridiane sind die Energieleitbahnen innerhalb des Körpers, die die Organe direkt versorgen, und Nadis transportieren die Energien durch unser Feld zu den Chakren. Sekundengenau fließen die Ströme, und wenn eine solche Leitbahn blockiert ist, entsteht schnell ein Energiestau (Druck, Entzündung oder Ähnliches). Weiter hinten kommt dann nichts mehr an. Es mangelt an der so lebenswichtigen Energie (Missempfindungen, Taubheit, Unterversorgung usw.).

Ja, wir können zu einem guten Akupunkteur gehen und uns einige Nadeln setzen lassen. Hier wird dieser dann die Energiestaus oder Defizite mittels tonisierender oder sedierender Stichtechniken beheben. Es ist sehr sinnvoll, sich auf diese Art helfen zu lassen. Gehen wir jedoch davon aus, dass nicht jeder neben einem chinesischen Arzt wohnt und vielleicht auch keine Beförderungsmöglichkeiten hat. Zum Beispiel ist es Sonntagabend, ihr wohnt auf dem Dorf, habt kein Auto und keinen Partner, es regnet und ist bitterkalt. Weit und breit ist kein Akupunkteur auszumachen. Dann könnt ihr, allein mit und durch euch selbst, ebenso wirkungsvolle Hilfe empfangen.

Eine schöne einfache Technik ist der

Meridianausgleich

Den MA (Meridianausgleich) können wir jeweils über die Anfangs- und Endpunkte der Akupunkturmeridiane erzeugen.

An den Finger- und Zehenspitzen, jeweils in den Ecken des Na-gelfalzes, befinden sich nach der Traditionellen Chinesischen Medizin (TCM) die Yin und Yang-Punkte, die wir leicht mit un-serem Bewusstsein aktivieren und balancieren können. Der Einfachheit halber nehmen wir diese rechts und links an.

Geht also mit Mittelfinger und Zeigefinger auf die Punkte am Nagelfalz des 1. Zeigefingers (und dann auf alle weiteren), dehnt den Finger etwas, so, als würdet ihr den gesamten Me-ridian ausdehnen, und haltet eure Aufmerksamkeit auf diese Punkte. Der Daumen liegt auf der Fingerbeere hinten. Stellt euch dabei vor, wie ihr Energie über euer Kronenchakra kana-lisiert, atmet einige Male die Energie der Sonne zu euch und leitet sie in diese Bahn. So verfahrt weiter mit allen Bahnen, einschließlich aller Zehenspitzen.

Dies lässt sich sehr gut mit Patienten/Klienten durchfüh-ren, da sie liegen. Ihr spürt dann schnell, wie die Meridiane im Körper nachschwingen und könnt mit etwas Übung feststellen, welche Bahnen unterversorgt oder überrepräsentiert sind. Der Elementeausgleich kann, täglich durchgeführt, körperliche Ge-sundheit, Zentrierung und Regeneration fördern.

Balance der Meridiane (rechts und links)

Daumen: Lungenmeridian
Zeigefinger: Dickdarmmeridian
Mittelfinger: Kreislauf-Sexus-Meridian
Ringfinger: 3-fach-Erwärmer
Kleinfinger: Herz- und Dünndarmmeridian
Großzehe: Milz/Pankreasmeridian und Lebermeridian
2. Zeh: Magenmeridian
3. Zeh: keiner
4. Zeh: Gallenblasenmeridian
Kleiner Zeh: Nieren- und Blasenmeridian

Die Elemente geistig beleben

Äther	Klang HAM	Ohr	5. Vishudda (Hals)
Luft	Fühlen YAM	Haut	4. Anhata (Herz)
Feuer	Form RAM	Augen	3. Manipura (Solarplexus)
Wasser	Geschmack VAM	Zunge	2. Svadistahana (Unterleib)
Erde	Geruch LAM	Nase	1. Mulhadhara (Wurzel)

5-Elementelehre nach der Traditionellen Chinesischen Medizin (TCM)

Element	Holz	Feuer	Erde	Metall	Wasser
Jahreszeiten	Frühling	Sommer	Spätsommer	Herbst	Winter
Eigenschaft	Durchsetzungskraft, Kreativität, Elan, Spontaneität	Kommunikation, geistige Klarheit	Bodenständigkeit, Denken, Konzentration, Realitätsbewusstsein	Disziplin, Vernunft, Erfolg, Schönheit	Charisma, Willenskraft, Vitalität, Sexualität
Qualitäten	spontane Güte, Zorn	Freude, Leidenschaft, Gleichgültigkeit, Hass	nachdenklich, genießerisch, Mitgefühl, Sorge	zielstrebig, Mut, Traurigkeit	Angst, Weisheit, Herrschsucht
Äußerungen	schreien	lachen	sorgen	weinen	stöhnen
Geschmack	sauer	bitter	süß	scharf	salzig
Sinne	Augen	Zunge	Mund	Nase	Ohren
Organbezug	Leber-Galle	Herz-Dünndarm	Milz-Magen	Lunge-Dickdarm	Nieren-Blase

Nach der Wissenschaft der Mudras wie auch der Traditionellen Chinesischen Medizin und des Ayurveda gibt es fünf bedeutende Elemente, die die Grundelemente der Schöpfung repräsentieren: Nach TCM sind das Feuer, Wasser, Erde, Metall und Holz und im Ayurveda Feuer, Wasser, Erde, Luft und Äther. Sie sind untrennbar miteinander verbunden und beeinflussen sich direkt oder indirekt. Ein Element nährt ein anderes und kann wiederum das nächste negativ beeinflussen. Sind alle Elemente in Balance, wirkt sich das auf alle Organfunktionen positiv aus, und das „CHI" ist im Fluss. Traditionell wird das schwache Element gestärkt oder das zu starke Element beruhigt.

Fünf Chakren sind mit den fünf Elementen der Schöpfung verbunden. Diese fünf Chakren haben eigene Schlüsselworte (siehe Seite 57) oder Mantren, die indische Sprachwissenschaftler – im Geist der universellen Gesetze und nach eingehender Forschung – für die Elemente gefunden haben. Zwei neue Elemente, Licht und Liebe, können wir ebenso in dieses System mit einbeziehen. Diese beiden Elemente öffnen wir ausschließlich in unserem Herzen in Verbindung mit Allem-was-ist.

Wenn die Elemente im Ungleichgewicht sind, ist das Immunsystem gestört, und es entstehen Krankheiten. Die alten Yogis und Rishis haben das erkannt und entsprechende Mudras (Finger-Yoga, siehe *Lichtkörpersymptome Band I*) entwickelt, wobei ein Finger (der ein bestimmtes Element repräsentiert) mit einem anderen Finger oder Körperteil in Verbindung gebracht wird. Auch so können spezifische körperliche Reaktionen und das Ungleichgewicht, das damit in Zusammenhang steht, behandelt werden.

Zuordnungen Planeten, Elemente und Finger

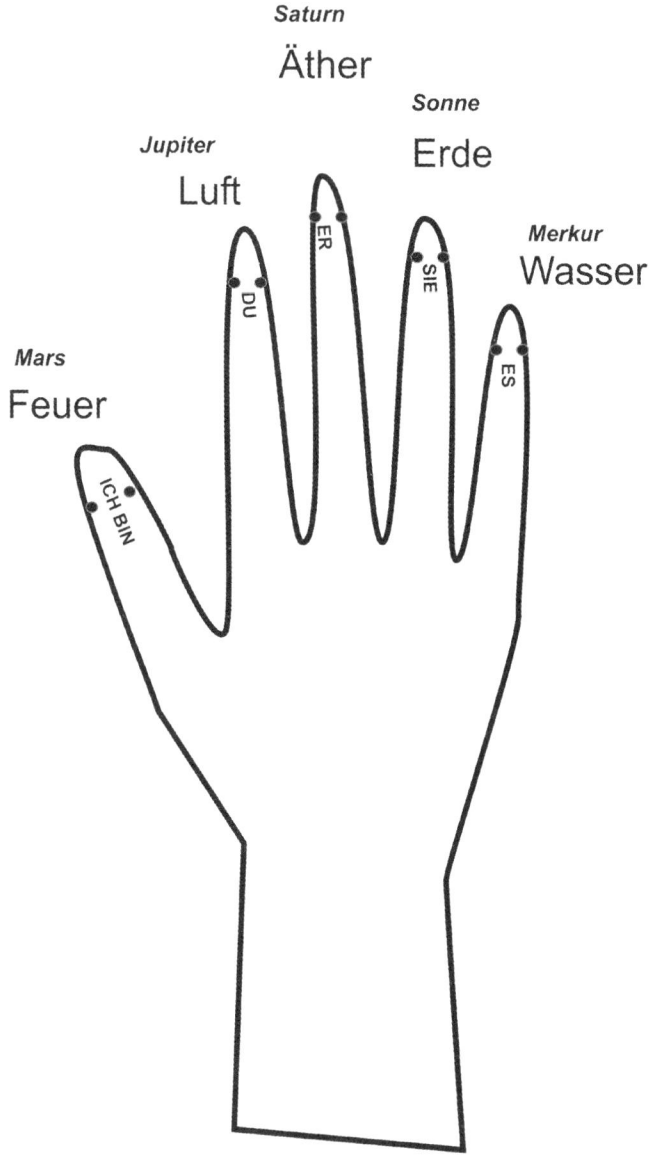

Elementebalance

Dies geschieht in Konzentration auf unseren Körper und indem wir unsere Aufmerksamkeit den einzelnen Elementen widmen, um eine ideale Konstellation zu erlangen.

- *Verbinde dich mit deinem Körper (gefühlt als Ganzes, bis in jede Zelle).*
- *Halte deine Wahrnehmung immer auf allen Ebenen gleichzeitig und spüre dabei deinen Körper vollständig.*

Feuer
- *Stell dich jetzt in das Feuer und genieße seine Kraft.*
- *Verschmilz mit dieser Elementequalität eine Weile.*

Wasser
- *Springe ins Wasser, bade darin und genieße seine Lebendigkeit und Qualität, indem du darin verschmilzt.*

Luft
- *Stell dich jetzt zum Beispiel an einen Felsen und schau übers Land, spüre den Wind und genieße seine luftigen Eigenschaften.*
- *Verschmilz mit dieser Elementequalität eine Weile.*

Äther
- *Begib dich mental in den Ätherraum (zum Beispiel Kosmos) und werde dir dieses Raums bewusst, fühle die Ätherqualität.*
- *Verschmilz eine Weile.*

Erde
- *Grabe dich tief in die Erde und spüre das wohlige Gefühl, von Mutter Erde umfangen zu sein.*
- *Genieße den Geruch und die Beschaffenheit der Erde.*
- *Verschmilz mit dieser Elementequalität eine Weile.*

So hast du dein System mit allen Qualitäten gut aufgeladen und diese in Einklang gebracht.

Die beiden neuen Elemente Licht und Liebe aktivieren wir, indem wir die Hände übereinander vor unserem Herz kreuzen und in Verbindung mit der Körper-, der Seelen- und der geistigen Ebene vertikal atmen, zwischen Quelle und Erde.

- *Wir öffnen unseren Kanal für den Zustrom der Energien und beabsichtigen:*
- *„Ich integriere jetzt vollkommen das Licht und die Liebe der Quelle in meinem Körper-Geist-Seele-System und von unten nach oben.*
  Ich integriere die Kraft der Erde in meinem Körper-Geist-Seele-System."

So schwingen wir wieder eine oder mehrere Oktaven höher und fühlen uns gestärkt und zentriert.

Hier noch ein Elementemantra aus dem Vedischen in Kurzform:

Om	**Na**	**Ma**	**Shi**	**Va**	**Ya**
Om	Erde	Feuer	Himmel	Wasser	Luft

Das kann jeder singen oder murmeln, und es wirkt sich ausgleichend aus.

Formenheilung durch die Natur

Was wären wir, wenn die Natur uns nicht mit ihrem Farben-
und Facettenreichtum, ihrer unendlichen Artenvielfalt, ihrer
quirligen Lebendigkeit oder andererseits ihrer stoischen Ruhe,
ihren tausend Düften, ihrer Kraft und Leidenschaft umgeben
würde? Was wären wir ohne sie?

Ja, wir können es uns nicht vorstellen, vielleicht wäre es
damit vergleichbar, wenn wir unsere Sinne verlieren oder unsere Gliedmaßen fehlen würden. Auf jeden Fall wäre es ziemlich
trostlos auf unserem schönen Planeten Erde.

Doch die Natur ist mehr als nur ihre einzelnen Teile. Schlicht
und einfach ist es das gesamte Wesen, das wir erforschen und
nutzen, das wir erleben, lieben, erfahren und hüten dürfen. Ein
gigantisches Frequenzspektrum wird uns durch sie zuteil, wodurch wir unseren Organismus komplett reinigen und regenerie-
ren können. Bis zum heutigen Tag hat sich ein großer Teil der
Menschheit noch nicht vollständig dafür geöffnet. Im Gegenteil:
Aufgrund monetärer egoistischer Ziele und fehlender Bewusst-
heil werden große Teile dieses Wesens durch Menschenhand
weiter zerstört und zunichte gemacht. All das bleibt als Prägung
gespeichert und kann erst dann gelöscht werden, wenn der über-
wiegende Bereich der Erdenseelen im vollen Bewusstsein ist.

Dann erlösen sich die alten Illusionen des Kollektivgeistes –
eine Schicht nach der anderen. Die Menschheit kann sich ihrer
Hüterschaft bewusst werden und sich dem Aufbau der Landschaften und Regionen widmen, dem Bauen im Einklang mit
der Natur, einer neuen Art von Energiegewinnung, ohne die na-

türlichen Ressourcen weiter auszubeuten. Sie kann wieder lernen, das Göttliche in jedem kleinen Detail des Großen Ganzen zu erfahren.

Mutter Natur ist ein Aspekt des Planeten Erde, und sie liebt uns so unbeschreiblich, dass wir es genau spüren können, wenn wir ganz mit ihr verschmelzen. Sie ist in der Lage, uns all das zurückzugeben, was wir in den harten Zeiten des Lebens, im Auf und Ab unserer Wege, verloren haben. Und sie gibt es uns aus dem freien Fluss der überschwänglichen Vielfalt ihres Wesens.

Heilung durch Formen

Wir können diese Art der Transformation auf einfache Weise täglich nutzen. Wenn wir spazierengehen, beobachten wir unsere Umgebung genau und lassen uns viel Zeit, um mit unserem horizontalen Atem alle strukturierten Energien aufzunehmen. Seht euch besondere Baumformen an, zu denen ihr euch vielleicht hingezogen fühlt, und tretet dann eine Weile vor diesen Baum und atmet ihn, verschmelzt mit ihm, mit seiner Form, seiner Struktur, seiner Farbe, seinem Duft, seiner Bewegung. Achtet darauf, dass ihr nicht sofort mit seinem Wesen verschmelzt, weil sonst eine wichtige Ebene – nämlich die der Form – übergangen wird. Jeder sollte fühlen, dass er in diesem Moment der Baum ist.

Atmet wieder eine Weile mit ihm, folgt seinen Wurzeln tief in die Erde und seiner Krone hoch in den Himmel. In dem Magnetstrom atmen alle Pflanzen und die meisten Tiere.

Seht die sanften Wiesen, wie sie hügelförmig mit saftigem Grün die Erde bedecken. Begebt euch auch hier an einen Platz, an dem es für euch angenehm ist, und atmet die Wiese ein, verschmelzt mit ihr. Nehmt ihren Duft, die Farbe, die Bewegung der Gräser und die hügelige Form in euch auf, bis ihr diese Wiese seid.

Das Gleiche könnt ihr mit den Wolken tun – atmet auch die Formen der Wolken zu euch und verschmelzt mit ihnen. Fühlt, wie sie ziehen, wie leicht sie sind, wie harmonisch sie ihre Form variieren.

Diese Formenheilung könnt ihr mit Blüten, Büschen, Gräsern und interessanterweise ebenso mit Steinen, Hölzern und allen erlebbaren Formen durchführen. Beachtet die wundervollen Mandalas im Mittelpunkt einer Blüte, wie kunstvoll sie hervorgebracht wurden, wie tief sich der schöpferische Geist in ihnen wiederfindet.

Bei Blüten atmen wir ebenso ihre Duftsignaturen, die auf weiteren Ebenen wirken und sofort ins limbische System übergehen und uns neue Tore öffnen.

Da alles aus Frequenzen besteht, können wir uns über den Atem gezielt mit den verschiedenen Strukturen und Qualitäten verbinden – gleichgültig, ob bei Regen, Nebel oder Schnee. Es gibt nette Gartenzeitungen oder auch schöne Landschaftsdokumentationen, die wir uns gönnen können, wenn die Wetterverhältnisse unwirtlich sind. Lasst euch inspirieren und spaziert mit Hilfe der Fotografie bewusst in den Landschaften.

Wie viele heilsame Bilder, Melodien, Düfte, Vogelgesänge, Erdverbindungen sind wohl nötig, um das Feld der Menschheit einigermaßen zu transformieren?

Beginnen wir jetzt bewusst, unsere Aufmerksamkeit auf die hohe Ordnungskraft der Natur, auf ihre Schönheit und Weisheit, die in jeder Pflanze, jeder Blüte und in jedem Wassertropfen verborgen ist, zu lenken. Denn die Natur ist genau wie unser Körper ein Wissensspeicher.

Erinnern wir uns, sie zu lesen!

Elemente-Rezepte

Auf dieses Thema brachte mich ein spiritueller Freund, der kurz davon erzählte, und ich war sofort damit in Resonanz. Ein Rezept der Elemente! Welch eine großartige Idee!

Es gibt gerade in dieser Zeit genügend kräftezehrende Umstände und Situationen, durch die wir schnell aus der Bahn geraten können. Mit Hilfe dieses Werkzeugs können wir für Ausgleich sorgen.

Wäre es nicht zauberhaft, wenn sich Ärzte vor ihre Patienten stellen, ihnen in die Augen schauen und sagen würden: „Liebe Frau Müller, ich rate Ihnen zu mehr Aufenthalt an der frischen Luft, tanken Sie viel Sonne, und damit Ihre Blase wieder heilen kann, beschäftigen Sie sich einmal ausgiebig mit dem Element Wasser, und berichten Sie mir das nächste Mal von ihren Erkenntnissen." Als mein Großvater noch lebte und die alten Landärzte nicht die Mittel und Möglichkeiten hatten, jedem eine Schachtel mit Tabletten zu verschreiben, gab es das noch.

Wäre es nicht zutiefst menschlich, würdevoll und heilsam, wenn in den Alten- und Pflegeheimen dafür gesorgt wäre, dass unsere Altvorderen genügend frische Luft, ausgedehnte Spaziergänge (oder -fahrten) und liebevollen menschlichen Kontakt hätten und nicht im Minutentakt abgefüttert, gewindelt und dann in ihren „Regalplatz" eingeschichtet würden?

Wäre es nicht fantastisch, wenn in Schulen, Kindergärten, Krankenhäusern und Kurzentren Energiekommissionen beratend tätig wären? Diese könnten Energieflüsse austesten und auf Defizite hinweisen, sodass in den Räumen optimale Schwingungsverhältnisse, gesundes Licht und reine Luft zu finden wären, was sich schließlich auf alle Beteiligten ausgleichend und positiv auswirken würde.

Ziehen wir freudig diese Energien an!

Element Feuer

Feuer ist auf vielen Ebenen hochgradig reinigend. Es kann die düsteren und dichten Energien aus unseren Feldern verzehren und uns regelrecht in Wallung bringen. Es besitzt große Zerstörungs- und Erneuerungskraft, baut in uns Kraft und Willen auf und lässt uns vorangehen. Wir überwinden Lebenskrisen schneller, wenn es ausgeglichen ist.

Feuer:

Verdauungssystem, bedeutet Aktivität, sich abgrenzen können, mit Aggressionen umgehen, Veränderungen annehmen, negative Energien und Stress entladen.

Aktivierung/Balance:

Lagerfeuer, Kaminabende, Kerzenlicht, aber auch feurige Sonnenuntergänge.

Mit dem Feuer verschmelzen, sich freibrennen lassen, innere Zwiesprache halten, in die Flammen hineinspüren, mitknistern.

Element Luft

Ist dieses Element ausgeglichen, haben wir einen klaren Verstand und sind friedvoll. Was wir denken und fühlen, hat die Tendenz, sich zu manifestieren. Der Ausgleich des Luftelements hilft, dass wir uns weniger Sorgen machen, kraftvolle Gedanken kreieren und innere Ruhe finden. Auf der anderen Seite trägt es dazu bei, unseren Geist in kreativer Bewegung zu halten.

Luft:

Atem, Herz, Freude, Dankbarkeit, sich selbst und andere liebevoll annehmen.

Aktivierung/Balance:

Mit dem Sturm laufen, sich vom Wind durchpusten lassen, sich mit dem Wind verbinden und mitjagen, auf hohen Bergen im Wind stehen, mit dem Sturm plauschen, Drachensteigen, mit dem Seewind radeln, frische Brise bewusst durch die Aura wehen lassen, dem Wind gute Botschaften zuflüstern, damit er sie weiterträgt.

Element Äther (Himmel)

Dieses Element in Einklang zu bringen, kann unsere Seele nähren und sie kraftvoll aufladen. Die Heilfähigkeiten können sich verstärken, wenn wir dieses Element harmonisch aktiviert haben, und wir sind in der Lage, verstärkt in Kontakt mit unverkörperten Wesen zu treten.

Himmel (Äther, Raum):

Die Sprache, unsere Verbindung zum Göttlichen, mit Engeln kommunizieren, Bewusstsein, die Weite des Universums, Freiheit, Abhängigkeiten lösen.

Aktivierung/Balance:

Auf dem Rücken liegen und die ziehenden Wolken beobachten, Wolkenbilder lesen und verstehen, Botschaften des Himmels erkennen, mit den Wolken ziehen, eine Wolke sein – verschmelzen.

Element Wasser

Ein Ausgleich des Wasserelements bringt Emotionen und Stimmungsschwankungen ins Gleichgewicht. Ist es ausgeglichen, betrachten wir die Dinge gelassen. Das Wasser hilft dabei, alles in den Fluss zu bringen. Es ist das Element der Gefühle und der Beweglichkeit. So spielt es eine große Rolle bei der Heilung von Depressionen, Rheuma und Arthritis.

Wasser:

Blut, Lymphe, Tränen, Emotionen, Loslassen, Spontaneität, Lebenslust, Kraft durch das weibliche Prinzip.

Aktivierung/Balance:

Dem Fluss zuschauen, mit ihm davonfließen, einen Wasserfall beobachten, eventuell unter ihm stehen, im Meer baden und im Wellenrausch versinken, einmal im Regen tanzen oder duschen – auch ein genüssliches Bad zu Hause mit Kerzen und gesunden Salzen oder Ölen kann uns zu kalten Jahreszeiten ausbalancieren. Zu guter Letzt können wir auch beim Duschen an einen Wasserfall denken und uns durch ihn klären, reinigen und erfrischen.

Element Erde

Diesem Element sollten wir sehr große Beachtung zollen. Es dient uns doch gerade in energetisch bewegten Zeiten, uns immer sicher mit beiden Füßen auf den Boden zu stellen (was beleibe nicht bedeutet, immer schön auf dem Teppich zu bleiben...). Indem wir unser Erdelement ausbalancieren, kommen wir ganz bei uns selbst an. Außerdem spüren wir seine positive Wirkung bei jeder Art von Heilbehandlung. Sind wir mit Mutter Erde kraftvoll verbunden, können wir Fülle und Wohlstand anziehen und unsere Kreationen und Absichten schneller manifestieren.

Erde:

Alles Feste im Körper – Knochen, Zähne usw., unsere Verwurzelung im Leben und im SEIN, Urvertrauen, Aktivierung der Kreativität, wirkt gegen anhaltenden Kummer, wirkt sich positiv auf unseren Geldfluss aus.

Aktivierung/Balance:

Garten umgraben (hi, hi) und alle anderen Gartenarbeiten, am Strand liegen (oho), sich viel im Freien aufhalten und bewusst nach unten fühlen, fließen, mit dem kristallinen Herzen der Erde verschmelzen, mit Bäumen atmen, die Natur genießen, spazierengehen oder, besser, Spaziermeditationen praktizieren, bergsteigen!, im Wald oder im Freien schlafen, zelten, mit Kindern spielen.

Selbstverständlich erden Tätigkeiten, in denen wir praktisch arbeiten und die im entfernteren Sinn mit Mutter Natur zu tun haben, ebenso kochen, backen, Holz hacken, keltern, entsaften, einwecken, Schnee schaufeln und selbstbewusst saubermachen (kein Putzfimmel, keine Wochenend-Regulär-Putztermine). Auch ein Frühjahrsputz kann sehr erdend sein, vor allem, wenn wir uns dabei von alten Energien lösen. Lockeres Laufen, hüpfen, Seilspringen, Trampolin, Runenfiguren tanzen, Sex mit Bewusstsein und Freude (nicht die partnerschaftliche Pflichtübung).

Viele Sportarten erden gut – im Prinzip fast alle, bei denen man sich nicht über Gebühr belastet, auch zum Beispiel Fußball und Boxen, einige Kraftsportarten oder verschiedene Kampfsporttechniken.

Durch Yoga sowie andere energetische Sportarten wie Chi Gong oder Tai Chi, die Fünf Tibeter (und weitere) balancieren und aktivieren wir generell alle Elemente.

Die Dinge bewegen sich rasch, und allein die globalen Wetterveränderungen und Katastrophen zeigen, wie die Energien in Bewegung sind.

Grundsätzlich reinigen und klären diese überschäumenden Elemente die planetaren Felder, in denen noch dichte Schleier der Menschheit lagern. Wir könnten das auch als „elementare Alchemie" betrachten – hier in Verabreichung der Urtinkturen.

Fegen Stürme, Fluten, Großbrände übers Land oder brechen Erdbeben aus, werden schockartig in diesen Regionen dichteste Energien bis auf den Grund erlöst, herausgeschleudert oder hinweggespült.

Viele spüren das Brodeln der Vulkane und die Erdbewegungen im Körper. Ein Versuch ist es wert, sich nun ein Elementerezept in Hochpotenz (geistig) zu verabreichen.

Leeren – Füllen – Erden

Eine wunderbare Übung, die du täglich durchführen kannst, ist die folgende:

1. Leeren – 2. Füllen – 3. Erden

Wie in der nachfolgenden Skizze aufgezeigt, beginnst du deine Wurzel, deine Hand- und Fußchakren zu öffnen und stellst dir vor, wie alle Disharmonien jetzt in Lichtsekunden aus dir herausfließen. Sie werden vom irdischen Feuer gleich verschlungen.

Dann öffnest du deine Arme nach oben und empfängst innerhalb deines Lichtkanals die Fülle von Energien, die für dich in dem Moment zur Verfügung steht.

Schließlich legst du die Hände kreuzförmig über dein Herz und erdest alle Energien, indem du nach unten in das irdische Herz atmest. Damit sind alle Energien in der Materie verankert.

Eine zweite Möglichkeit ist diese:

1. Erden – 2. Himmeln – 3. Danken

Dies wird in den gleichen Positionen wie zuvor ausgeführt, nur mit anderer geistiger Ausrichtung. Du erdest dich mit der U-Rune, hältst deine Arme in den Himmel, um zu verschmelzen, und dankst aus vollem Herzen für ALL-ES.

3. Möglichkeit:

ICH BIN EINS mit der Kraft der Erde.
ICH BIN EINS mit dem Licht des Himmels
ICH BIN EINS in der Liebe meines kosmischen Herzes.

Viel Spaß mit den kleinen geistigen Kraftübungen!

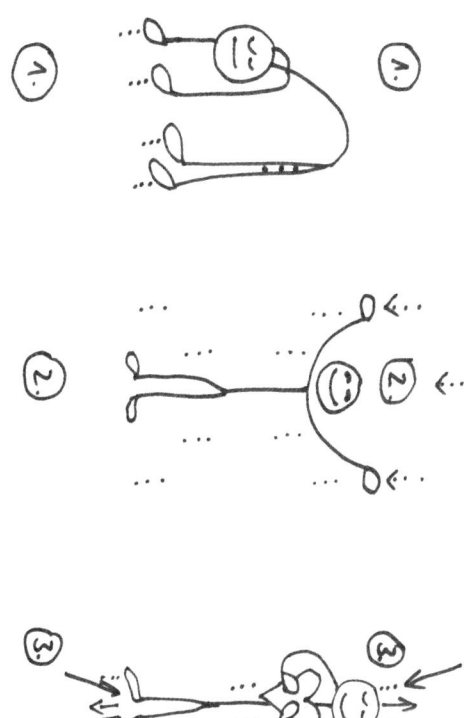

Kapitel II

Heilsame Transformation

Alte Werkzeuge und Symbole

Ein freies Fließen im Geist der Zeit – so könnten wir die neue Energie beschreiben. All-ES bewegt und wandelt sich immerfort. Eine einzigartige Flut, die uns kraftvoller denn je durchdringt und manchmal gar stürmisch mitreißt. Wie wir von El Morya vernommen haben, sind jahrtausendealte Heiltechniken, zahlreiche geistige Methoden und Konzepte ebenso im Wandel wie wir selbst – unsere Felder, unser Körper, unsere Familie, unser Land, die ganze illusionäre und dennoch materielle Welt.

Gerade in diesen Zeiten finden wir vielleicht wundervolle Erklärungen für hochspirituelle Zusammenhänge aus den Büchern der alten Mystiker und fühlen, dass diese für uns sehr bedeutungsvoll sind. Endlich wird sich der Mensch der überlieferten Weisheiten bewusst.

Gleichermaßen fühlen wir, dass die energetischen Praktiken, die wir vor Jahren gelernt und trainiert haben, kaum noch Effekte aufweisen oder gänzlich wirkungslos sind. Es ist klar, dass sich im Zyklus der Veränderungen große Transformationsaufgaben ergeben. Die daraus freigesetzten Potenziale wollen und müssen jedoch auch integriert werden. Tun wir dies nicht, stagnieren wir, bleiben kleben und verwenden unsere wertvolle geistige Kraft nur dafür, mit aller Macht eine bezeichnete Position zu sichern und unser spirituelles Ego zu pflegen.

Die Meister, die sich festhalten, halten nunmehr alle auf!

Viele Jahre haben wir so Wurzeln geschlagen in unseren Lebensumfeldern oder auch tief in den Leib des Planeten hinein. Heute sind wir in einem höher schwingenden Raum auf Mutter Erde angekommen. Da erübrigt sich diese alte Verwurzelungstechnik, und wir müssen zum einen schauen, wie wir unsere Füße elegant und trotzdem kraftvoll auf die Neue Erde stellen. Zum anderen dürfen wir alles loslassen, was die alten Konzepte nicht mehr hergeben, und wenden uns neuen, viel besseren Möglichkeiten zu, die unaufhörlich durch die Kanäle der offenen Geister „hereingesegnet" werden. Wir dehnen uns in die Multidimensionen aus, und es obliegt uns, die neuen Gegebenheiten zu beachten.

Wenn hohe Lichtmeister ihre Kraft an die alte 3D-Wirklichkeit fesseln, kann das nichts mit neuem Zeitgeist zu tun haben. Damit meine ich nicht nur die alte Erdungslehre, sondern viele geistige Praktiken, die immer noch in verstaubter Weise Anwendung finden. (Wir hatten nachgefragt.)

Eine ganze Reihe von Ritualen fallen hierunter, Initiations-Zeremonien, Einstufungen von geistigen Qualifizierungen – wie vor allem die alten Meister-Schüler-Regelungen (oder besser Reglementierungen?).

Jedes Werkzeug kann seine umfassende Wirkung nur entfalten, wenn es durch das HERZ!-Bewusstsein transzendiert und sich dort in spiralförmiger Drehung mit dem Zeitstrom quantisiert hat. Die entstehenden neuen Flüsse in der spirituellen und der Gruppenarbeit bekommen dadurch eine ganz individuelle Note und eine einzigartige Energiequalität, die weder aufrechterhalten, noch mit ständig langen Gebetsformeln herbeizelebriert werden muss. Erinnere dich: Zeit existiert nur als Konstrukt der dreidimensionalen Erfahrungsmatrix.

Ich möchte hier nicht falsch verstanden werden: Es ist nichts dagegen einzuwenden, wenn ein Ritual lange andauern mag. Doch es darf auf die aktuellen Gegebenheiten, auf die jeweiligen Schwingungsqualitäten, die zu jeder Zeit und an jedem Ort anders sind, Bezug genommen werden.

Wir werden immer mehr zu dem Punkt zurückfinden, an dem Rituale ursprünglich entstanden sind: im Herzen und im freien Geist der damaligen Priester und Schamanen. Weil wir uns in die Christusmatrix hineinbewegen (beziehungsweise darin sind), die die Menschheit auf Herzensebene zusammenschweißt, wird uns auch nur das Herz künftig neue Modifizierungen vorgeben und neue Praktiken lehren. Es schenkte uns schließlich bis zum heutigen Tag ganz eigene wundervolle Gebete und Werkzeuge. („Quantisieren" ist in diesem Kontext eine Wort-Neuschöpfung, die die Energiebewegungen im fünfdimensionalen Raum trefflich bezeichnet: energetische Verschmelzung auf Quantenebene.)

„Entbindung" im Sinne von Befreiung

„Entbindung" im Sinne von Befreiung heißt also das Zauberwort für kraftlose Werkzeuge, die keine Effizienz mehr vorweisen. Genauso wie eine Reihe von Symbolen der Hochkulturen, der Logen oder Magischen Zirkel (auch weißmagische), verschiedene Engelsymbole oder frühere Zeichen der Sternengeschwister kaum noch spürbare Wirkungen entfalten – zumindest nicht in der Art, wie wir sie bisher angewandt haben. Warum? Weil sie innerhalb dreidimensionaler Glaubens-, Denk- und Verhaltensstrukturen erschaffen und praktiziert wurden. Sie wollen und müssen sich wandeln!

Es gibt sie, die Meister – jeder eine wahre Koryphäe auf seinem Gebiet –, die ausgebrannt sind, müde und entleert. Viele von ihnen arbeiten immer noch mit ihrer Körperkraft (oder ihrer horizontalen Kraft). Logisch, dass der Körper in solchen Fällen schnell erledigt ist. Er wird krank, schwächelt und altert schnell. Früher starben viele Heiler daher meistens in jungen Jahren.

Genauso gibt es auf dieser Ebene eine Vielzahl energetischer Therapeuten, die durch ihr Festhalten an überholten Konzepten nicht ausreichend geerdet sind und deren Seelenenergie selten in ihrer Sphäre zu spüren ist. Diejenigen, die noch die alten Techniken praktizieren, stagnieren meistens in ihrer Entwicklung.

Die Energien des Zeitgeistes fühlen sich tatsächlich gravierend anders an. Das liegt an der veränderten Frequenzflut, deren Amplitude ich unten gescribbelt habe.

Wellen-Diagramm

Hier haben wir zwei Achsen: Die eine bezeichnet den Verlauf der ZEIT und die andere den RAUM. Unser Raum hat sich immens ausgedehnt, und die Zeit ist in sich zusammengefallen, geschrumpft, was wir täglich ganz klar empfinden können. Das bedeutet, dass die Energieübertragungen mit entsprechenden Symbolen, die uns unterbewusst (Achtung Symbole!) an diese Ebene binden, eher langwellig sind. Sie konnten früher also in langer Zeit entsprechende Mengen übertragen. Heute ist es gerade umgekehrt. Wir können in viel kürzerer Zeit – einer Lichtsekunde – ganze Frequenzpaletten herunterladen, entsprechend der Ausdehnung unseres Bewusstseins in Korrelation mit der Herzkraft. So ergibt sich daraus auch eine andere Qualität.

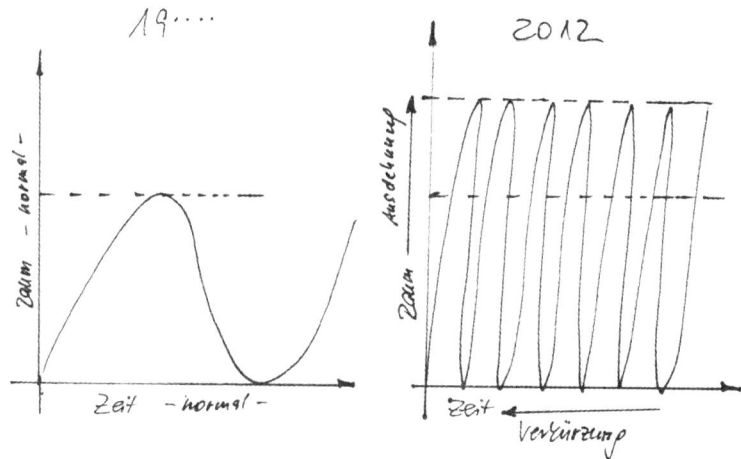

Als mir vor Jahren klar wurde, wie alles zusammenhängt, löschte ich meine Einweihungssymbole (Reiki-Meister/Lehrer) in einem schönen Dankesritual. Damit war ich frei von der alten Energieebene (und von den Meistern, die mich eingeweiht hatten).

Ebenso löschte ich alle energetischen Verbindungen, die ich noch zu den wenigen Menschen hatte, die ich selbst eingeweiht hatte. Damit ging ich den „Entleerungen" aus dem Weg, und mir ging es wieder gut.

Ich kann diese „Entbindungen" jedem nur empfehlen!

Kristalline Erdung

Ich arbeite oft und gerne mit den unterschiedlichsten Gruppen im Heilschlaf oder in Seminaren. Jedes Mal, wenn wir schön in Schwingung sind, die Energie im Raum förmlich „in Scheiben schneiden" können und die besten Inspirationen hereinfließen, geschieht es, dass wir weiterschweben wollen, und zwar deshalb, weil es uns an „Zuhause" erinnert und wir Angst haben, diese Anbindung zu verlieren.

Noch in den 90ern haben wir uns nach solchen Schwingungszusammenkünften tief in die Erde verwurzelt, um nicht meterhoch über dem Boden zu schweben. Diese Verwurzelungstechnik gehört ebenfalls zum „alten Eisen" und kann getrost entsorgt werden. Das kristalline Zeitalter schenkt uns fortlaufend neue Herangehensweisen mit Nachklang.

Erdungsübung

- *Lass deine Aufmerksamkeit in dein Herz sinken und verweile im JETZT.*
- *Verbinde dich nun im senkrechten Atem über deinen Lichtkanal.*
- *Nimm einige Atemzüge lang Kontakt zum kristallinen Herzen der Erde auf.*
- *Lass alles los, was du bis hierhin getragen hast.*
- *Atme in dieser Verbindung tief in den Kristall hinein, in das planetare Herz.*
- *Spüre, wie die Erde pulsiert, ihren Herzschlag, ihr Wesen.*

- *Ziehe nun die irdische Energiewelle in deinen Körper und atme nach unten aus.*
- *Tanke erneut auf.*
- *Atme so einige Atemzüge weiter und fülle über das Tor deines Wurzelchakras deinen Körper, jede einzelne Zelle, mit der erdenden Kraft.*

Du dürftest jetzt wieder mit beiden Beinen auf dem Boden sein. Fühle, wie sich dein Körper anfühlt und wie deine Stimmung ist. Spüre dich.

Führst du die kristalline Erdung täglich durch, fühlst du dich erfrischt und balanciert.

In Zeiten der Frequenzshifts kommt es häufig zu Turbulenzen innerhalb unseres Energiesystems, und das spüren wir meistens auch körperlich.

Diese Übung kannst du also auch dann durchführen, wenn dir schwindelig ist, du dich nicht in deiner Mitte fühlst oder Herzirritationen hast.

Das Erden tut gut, wenn dich Schlaflosigkeit plagt oder du immer wieder die Themen des Tages mit in die nächtliche Ruhephase trägst.

Mentalkraft und Bewusstsein

Je tiefer wir bewusst in unser Herzzentrum vordringen, desto stärker sind wir mit der Matrix (Quantenebene) verbunden. In kleinen oder manchmal großen Schritten erfahren wir sie ausdehnend und intensiv.

Später sind wir in der Lage, sie komplexer zu handhaben. Natürlich geht es dabei nicht um den kleinen Geist, der immer etwas will, niemals stillhält und selten zufrieden ist. Der pausenlos Wünsche und Vorstellungen hat, Erwartungen produziert und bereit wäre, weitere Lebensillusionen manipulativ zu erzeugen. Das kann er sehr gut, denn in früheren Zeiten war er einige Inkarnationen damit beschäftigt, durch Gedankenkraft zu manifestieren. In Atlantis und Ägypten war das der Fall, und in oberflächlicher Ausrichtung tun Löffelbieger und Mentalisten das heute noch.

Doch darum geht es in dieser Zeit nicht! JETZT darf sich jeder Mensch bewusst sein, dass er im Herzen bereits EINS ist mit Allem-was-ist. Das bedeutet: Du brauchst nicht mehr zu wünschen, nicht mehr zu wollen, nicht mehr zu begehren, nicht mehr zu planen. Du triffst einfach eine WAHL! Jetzt öffnen sich deine Schleusen, und in Wahrheit generierst du selbst diese Frequenzen, die deiner Absicht dienen. Daraus entstehen völlig neue Lebenskreationen und schließlich unsere neue Welt.

Kannst du diesen signifikanten Unterschied ausmachen?

Das Bewusstsein ist mit dem Großen Geist verbunden. Es zeigt uns den Weg und liefert uns unendliche Ströme der Freude und der Rückerinnerung, wenn wir diese Ausdehnung halten können. Es bildet eine Brücke in das vollkommene Einssein. Und so entsteht der Flow, der plötzlich Dinge und Begebenheiten ganz leicht in unser Leben beamt, weil (nicht wenn) diese uns dienen, weil (nicht wenn) wir uns ihnen von Herzen öffnen, weil (nicht wenn) wir dafür bereit sind.

„Wenn" impliziert eine Bedingung, doch Bedingungen sind verengende Energien, die mehr und mehr erlöst werden. „Weil" spricht von einer Wirkung auf eine Ursache. Diese Ursache (Entscheidung, Absicht, Wahl) kann von uns Schöpfern in die Matrix gesetzt werden.

Sind wir frei von Erwartungen, Zweifeln und Ängsten, frei von jedweden Zeitbegrenzungen, frei von Haben-Wollen, kann sich unsere Wahl ganz einfach EREIGNEN, da wir ja bereits Eins sind mit Allem. Gleichgültig wann, wo und wie es geschieht. Klar meldet er sich ungeduldig und begehrt auf – unser kleiner vorwitziger Geist. Er zeigt Unverständnis, führt die Warums, Weshalbs, Wiesos, Wanns und Wos ins Feld. Barrieren, die unüberwindbar scheinen.

Welche Chance haben wir in solchen Momenten, ohne In die alten Fallen zu tappen, ohne wieder beim Urschleim in der „Unterstufe" anzufangen? Wir spüren hinein, werden uns klar, worum es geht, und nehmen es endlich an. Atmen, fühlen wieder... Konnten wir es er-lösen?

Wenn wir den Dingen gelassen gegenüberstehen, wenn es uns innerlich nicht mehr aufwühlt, nicht mehr triggert, ist es vollbracht.

Atem – Göttlicher Odem

Tausende Jahre unserer menschlichen Evolution waren unsere Chakren – die Energiewirbel – horizontal ausgerichtet und in ihrer Mitte zusammengeschnürt. Durch diese und viele andere energetischen Spaltungen und Verdrehungen waren wir erst in der Lage, in selbstbestimmter Abtrennung tief in die Dualität und die niederen Dimensionen einzutauchen.

War es noch vor einiger Zeit völlig normal, horizontal aus- und einzuatmen, spüren wir mehr und mehr, dass es uns jetzt viel leichter fällt, senkrecht hoch und tief zu atmen. Alle Ströme sind aufwärtsgerichtet, fließen nun vertikal, denn wir bewegen uns – seit Hunderten, Tausenden Jahren – zurück zur Quelle, zum Urschöpfer, und werden Zug um Zug wieder EINS mit Allem-was-ist.

Wie wir an den Feldern von Pflanzen oder Tieren erkennen können, atmen sie alle in einem ähnlichen Prinzip ein und aus.

Die Lichtatmung – das tiefe Einatmen aus dem kristallinen Herzen der Erde, durch den Lichtkanal (WS) in den Körper und über die Krone in den Kosmos, zur Quelle, ist ein intensiver Transformationsatem, der in dieser Zeit alle Prozesse auf allen Ebenen unterstützt. Der Lichtkanal (Kanal des Metatron) durchzieht den Leib wie eine energetische Versorgungsleitung und befördert sowohl den Strom der irdischen Kraft wie auch des kosmischen Lichts in den Körper.

Der vertikale Atem ist eines der wichtigsten Werkzeuge der Neuen Zeit, die uns über eine Menge von Befindlichkeiten hinweg und wieder in Ausrichtung bringen. Durch diese Atemtechnik gewinnen wir sofort Energie und können Probleme leichter meistern. Doch es hat noch weitere Vorteile, in vertikaler Ausrichtung zu leben: Durch die vertikale Ausrichtung aller Chakren sind wir weniger angreifbar für horizontale „Gefechte".

Bei der (normalen) Horizontalatmung (ich habe es ausführlich in meinem Buch „Toröffnung in die Fünfte Dimension" mit Atemschema beschrieben, daher findet der Atem hier nur eine kurze Erläuterung) stehen die Chakren offen nach hinten und vorne aus dem Körper heraus. Indem wir senkrecht atmen, richten sich alle Chakren allein durch den Strom neu aus. Die ausgerichteten Energien unterstützen jeden Transformationsakt, und es ist ziemlich einfach, diese Technik dann beizubehalten.

Wirkliche Veränderungen werden nur erzielt, wenn wir diesen Atem öfter praktizieren, täglich mindestens einmal. Wichtig dabei ist vor allen Dingen, dass wir den vertikalen Atem nicht abgrenzend nutzen, sondern bewusst aus der horizontalen Atmung in den vertikalen Transformationsstrom gehen.

Über das Alpha- und Omega-Chakra als Eintrittspforten können wir mit unserer Seele atmen – auch bei allen seelischen Problemen. Das Durchatmen von der Quelle bis hinunter in das kristalline Zentrum der Erde nennt sich Geistatem und wird immer dann praktiziert, wenn wir für andere Menschen oder für die Welt atmen.

Die vertikale Atemtechnik

- *Atme hoch und tief und lass den Atem durch dich fließen.*
- *Aktiviere den Kanal, der durch dich verläuft, und verbinde dich darüber mit dem Herzen der Erde und dem Mittelpunkt der Quelle.*
- *Atme nun in dieser Weise einige Atemzüge, bis du das Gefühl hast, die Lichtverbindung ist aktiviert.*
- *Lege die Aufmerksamkeit auf jedes deiner Chakren, beginne, sie von unten nach oben, der Reihe nach in den Kanal hineinzudrehen, sodass sie in Kanalrichtung verlaufen.*

***Wurzelchakra (Rot)**
Sakralchakra (Orange)
Solarplexus (Gelb)
Herzchakra (Grün)
Halschakra (Mittelblau)
Drittes Auge (Indigoblau)
Kronenchakra (Violett)*

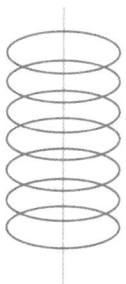

- *Sieh deine Chakren nun als kugelförmige Energiesphären.*
- *Atme noch einmal in alle sieben Wirbel hinein und aktiviere die entsprechende Farbe.*
- *Gib dich dem Atemstrom eine Weile hin, und schon bist du im vertikalen Fließstrom geborgen.*
- *Atme abschließend zum kristallinen Kern (Herz) der Erde für deine Erdung.*

In dieser Weise zu atmen und zu leben bedeutet, mehr Licht (Wissen) und kosmische Liebe aufzunehmen. Das führt dazu, dass sich schließlich dein Leben verändert – auf allen Ebenen, in die du immer wieder hineinatmest. Du glaubst es nicht? Niemand zwingt dich. ( ) Probiere es doch eine Weile aus!

Du bist inniger mit deinem Hohen Selbst und der Quelle von Allem-was-ist verbunden. Es lösen sich viele Knoten in deinem System, und du kommst in Prozesse, von denen dir manchmal auch schwindelig wird.

Für die anstehenden Transformationen und um Ressourcen für unsere Manifestationen auf Mutter Erde zu gewinnen, benötigen wir hektoliterweise Energie.

♥♥♥

Ich atme – also BIN ICH

Ich grüße euch, geliebte irdische Platzhalter des Lichts, das jetzt in großen Strömen zu euch fließt. Hier ist euer geliebter und verehrter Monsieur Saint Germain.

Du wunderst dich über die neue Anrede? Es hat zu tun mit der Zwozwölf-Energie (wobei die Null nicht explizit erwähnt wird, denn in der Numerologie von Zahlenfolgen steht die Null auch als Platzhalter (schmunzelt)).

Auf mein Verdutzen hin erklärt er weiter:

Die Null steht für das NICHTS, und wo nichts ist, passt auf jeden Fall sehr viel Licht hin, nicht wahr?

A: Klar.

SG: So gesehen, dürft ihr euch im Zwölfer-Jahr (und danach) darauf gefasst machen, dass ihr eine Menge irdischen Ballast abwerft – ja, auch körperlich gesehen (schaut mit Nachdruck frohlockend zu mir herüber).

A: Ach so, das meinst du ... aha. Na, dann können sich alle mit den Schutzschichten freuen?

SG: Vielleicht. Ich würde sagen, diejenigen, die bereit dafür sind.

A: Wunderbar!

SG: Doch nicht nur das. Obwohl wir euch mit Nachdruck darauf aufmerksam machen, dass dem Körper im gesamten Prozess eine sehr hohe und wichtige Rolle zukommt. ER wird

euch deutlicher denn je zeigen – in der kommenden Phase –,
dass er seinen Umbau vom kohlenstoffbasierten System zum
kristallinen Körper in großen Sprüngen vollziehen will. Daher
werdet ihr noch mehr Sodbrennen bekommen (schmunzelt),
wenn ihr etwas zu euch nehmt, das dem Körper nicht guttut.
(Anmerkung: täglich viel Basenkost!)

Sehr viel öfter als sonst werdet ihr durstig sein, viel frische
Luft und vor allem mehr Licht benötigen.

Ihr werdet noch mehr spüren, dass sich eure Knochen wie
durchgeleiert anfühlen, dass sie besonders an den verschie-
denen Drehkreuzen der Energie (Gelenke) altes Geröll (Ablage-
rungen) herausschieben und sich daher von Zeit zu Zeit entzün-
den können (wie rheumatische Beschwerden), ein anderes Mal
wieder schmerzen oder blockieren. Doch damit nicht genug...

A: Reicht das denn nicht?

SG: Wir sind in der Endphase, meine Liebe, überlass mir
diesen Part.

A: Hm.

SG: Nicht genug damit Es gibt noch mehr, worauf wir euch
gerne aufmerksam machen wollen. Nicht um euch weiter zu
verängstigen. Nein! Sondern um euch vorzubereiten, dass ihr
euch zu den Zeiten der aktiven Symptomdurchläufe zurück-
zieht, Ruhe sucht, für euch bleibt und es ausvibrieren lasst.

Da wären noch Nasenbluten, Zahnschmerzen (autsch, ich
spüre es), *Kopfdruck, Herzrasen, Juckattacken, Hitzewellen,*
allergische Reaktionen auf bestimmte Stoffe, kalte Füße und
Hände, Nierenschmerzen (oder sollten wir besser sagen: Alle

Organe könnten schmerzen?), verschwommene Sicht, Verdauungsbeschwerden, Aufgeblähtsein, Unterleibs- und Stoffwechselprobleme, Atemwegssymptomatiken, psychische Probleme, Verwirrtheit – ich glaube, das war das Gröbste.

A: WAS, das Gröbste??? Oh GOTT! Als ob wir nicht schon genug durchgehechelt hätten, im wahrsten Sinne des Wortes. Ich dachte, es geht vieles leichter?

SG: Ihr bewegt euch in größere Ausdehnungen hinein – ja, natürlich. Doch das bedeutet, wie anfangs erwähnt: Ballast abwerfen auf der breiten Linie. Da ihr jedoch größtenteils so veranlagt seid, dass ihr damit wartet, bis an einer Stelle gar nichts mehr geht, ergeben sich diese Symptome nicht grundlos, sondern immer entsprechend des Prinzips von Ursache und Wirkung. Ein kleines Trostpflaster gibt es dabei: Sie sind durchlaufend, wenn sie nicht festgehalten werden.

Das Jahr 2012 hat einerseits eine gigantische Verschmelzungskraft, ihr Lieben. Das EinsSEIN werdet ihr vor allem darin spüren, wie sich Dinge plötzlich fügen. Ihr werdet Menschen begegnen, von denen ihr euch nie hättet träumen lassen, dass ihr sie einmal kennenlernt, und dafür große Dankbarkeit empfinden. Ihr werdet aber auch geliebte Seelen aus eurem Dunstkreis entlassen, weil ihr ihnen (oder sie euch) nichts mehr zu geben habt. Lasst dies alles im Fluss und wisst: Der Große Geist wirkt die Netze eurer Begegnungen, eurer Termine, eurer Veranstaltungen.

Andererseits herrschen Energien von größter Zerstörungskraft. Dies hinsichtlich aller Strukturen des alten Gefüges, die wie ein (er zeigt mir ein Bild vom Domino Day) Dominospiel in sich zusammenfallen, und das manchmal so abrupt, dass nicht die Zeit zweier Atemzüge dazwischenbleibt.

Köpfe (Anmerkung: im Sinne von Posten) *werden rollen, denn es kann sich niemand mehr in einer strategisch wichtigen Position halten, wenn sie vom Großen Geist anders besetzt werden soll und kann (was bedeutet, dass dafür jemand zur Verfügung steht). Und ihr könnt euch kaum vorstellen, wie bereit die neuen Meister sind... Wir können dies aus unserer Sicht wahrlich besser einschätzen!*

Vielfach gilt: Der SCHEIN trügt! Merkt euch diesen Satz, denn er trifft auf ganzer Ebene jetzt zu.

Die Zerstörungskraft werdet ihr aber auch in anderer Hinsicht spüren, indem ihr oft selbst in den Strudel der Emotionen geratet, euch quasi hineinziehen lasst.

Oh, da sehen wir krasse Verzerrungen! Es kracht wirklich an allen Ecken und Enden, sowohl familiär wie auch gesellschaftlich. Da geschieht ENTLADUNG pur!

Und selbst eure eigenen Reihen sind hier nicht ausgenommen. Schuldzuweisungen, Denunzierungen, Freundschaftsverrat, und wie ihr alle dieses aufsteigende Grauzeug noch nennen mögt, denn es ist nichts anderes.

Bemüht euch dabei immer um Gelassenheit, ihr Lieben. Sonst hängt ihr mittendrin, wenn die Wellen des Spiels der Illusion über euch zusammenbrechen. Tsunamiartig, wohlgemerkt. So, wie die Stürme übers Land fegen, wie die Flüsse über die Ufer treten, wie die Meere toben und der Boden bebt, so sieht es im Innersten der Menschheit aus. (Wie innen, so außen – im umgekehrten Sinn.)

Nun könnt ihr vielleicht verstehen, warum wir so eindringlich zu GELASSENHEIT mahnen...

Einzigartige Zeit – 2012 und darüber hinaus

Und dennoch gilt: 2012 ist ein Jahr – hach, was soll ich euch sagen – es ist einzigartig.

Ganz klar wollen wir betonen, dass alle diese Dinge längst nicht nur auf 2012 zutreffen, sondern sich weit darüber hinaus auf die nächsten Jahre beziehen. Wir können hier den Zeitrahmen nicht so eng belassen, wenn wir über die möglichen Entwicklungen sprechen, da sie sich für jeden Menschen individuell vollziehen. Einzigartig ist es vor allem in Bezug auf die Potenziale, in die ihr hineinfließt.

Diese zeigen sich ebenso hurtig und im Überschlag. Noch ist es so manchem gar nicht bewusst, dass er sich einer bestimmten Fähigkeit erfreuen darf – und hier ist er bereits gehalten, quasi über Nacht auf einem völlig neuen Gebiet und auf völlig neuem Platz 100 Prozent zu geben. Denn auch diese werden in dieser Zeit jedem abverlangt. Keine halben Sachen mehr, ihr Lieben. Entweder hopp oder topp. Dafür bekommt ihr auch Ruhepausen „verschrieben".

A: Wie meinen?

SG: Rezepte – was dachtet ihr? Die Rezepte des Geistes heißen zum Beispiel: vertiefte Atmung (ihr verpasst zufällig den Bus und müsst laufen), Ruhe (ihr hört den Wecker nicht), Schlaf (ihr verschlaft nicht nur das Frühstück, sondern den Mittag auch noch), Naturverbindung (ihr haltet es im Haus nicht mehr länger aus), fasten (keinen Appetit durch Übelkeit, Durchfall und Ähnliches) usw.

Selbstverständlich erhält jeder in dieser Phase eine Art besondere Betreuung, damit eure Systeme nicht durchbrennen.

Ihr bekommt gemäß eurer Entwicklung und vor allem nach IN-TEGRATIONSFÄHIGKEIT Ruhepausen bis zum erfolgreichen Abschluss bestimmter Abschnitte des Körperumbaus.

Es können natürlich auch Rezepte dieser Art sein: Denkstopps, Koma, Bewegung, Party, menschliche Verschmelzungen aller Art oder auch explosionsartige Entladung. *Damit habt ihr etwas zum Sacken lassen* (breites Grinsen). *Atmet das einmal tief und hoch, ihr Lieben.*

Jeder bekommt genau das, was er – NEIN, nicht gerne hätte, sondern das, was er braucht. Das zu entscheiden obliegt nun mehr und mehr eurem Höheren Selbst, längst nicht mehr dem Verstand. Denn seine Wahlen haben euch ja zumeist in diese verzwickten Situationen gebracht. Könnt ihr das erkennen? Seine Entscheidungen ließen euch so oft in die falsche Richtung gehen. Seine Zeit ist nicht abgelaufen, nein, er transformiert sich eben genauso. Was (lacht)*, ach ja – zu allen möglichen Verwirrungen führen kann.*

A: Tolle Aussichten beschreibst du da. Ich dachte wirklich, es wird etwas harmonischer für uns...

SG: Nicht 2012, versprochen!

A: Oh Gott!!!

SG: Endspurt auf breiter Linie ist angesagt, und dazu seid ihr Meister noch einmal in eurer ganzen Präsenz und mit ganzer Herzenskraft gefordert. Wir sehen auf euch, geliebtes Bodenteam, das könnt ihr uns glauben.

Doch ihr seid bis hierher gekommen, um die Aufgaben anzunehmen, nicht um sie zu umgehen. Und schaut euch um

– sieht es da nach Urlaub aus? Ihr schafft es, ganz gewiss. Schließlich haben wir euch unsere Unterstützung zugesichert. Wir stehen euch mit Rat und Tat zur Seite, und viele öffnen ihren Kanal immer mehr, sodass sie sich mittlerweile der Führung, die wir euch bieten, voll bewusst sind.

Wie oft schaut ihr auf die Uhr und erkennt Doppelzahlen? Ihr schaut – rein zufällig natürlich – auf Nummernschilder, auf die Ziffernfolge der Preise, der Telefonnummern oder sonstige Zahlenkombinationen im Alltag. Ja, sogar Buchstabendopplungen häufen sich. Ist das allen aufgefallen?

Synchronizitäten, ihr Lieben. Das deutet auf Synchronizitäten hin, die sich mehr und mehr in eurem bunten und zunehmend fröhlich plätschernden Leben einstellen. (Bei denen das Leben nicht bunt ist, die sehen auch noch keine gehäuften Doppelzahlen.)

A: Witzbold.

SG: Es sind Harmonisierungen oder kraftvolle Entkodierungen, die ihr so empfangt, denn WIR SIND AUCH HIER (Anspielung auf eine kürzlich verfasste Überschrift).

Das Tor der Zeit durchschreiten

So vieles liegt an in diesem Jahr. Und es geht auch darum, in 2012 das Tor der Zeit zu durchschreiten. Wie es geht? Nun – dazu ist es notwendig, dass ihr die Zeit nicht mehr beobachtet. Lasst eure Armbanduhren zu Hause und trainiert euer neues, freifließendes Zeitgefühl. (Zur Not können ja die, die Termine haben, eine Ersatzuhr in der Tasche tragen). Damit stellt ihr sicher, dass ihr euch immer mehr aus der alten Zeitmatrix herausnehmt, oder, besser gesagt, eurer Vorstellung davon. Ihr werdet weiter in Verbindung gehen zum neuen Zeitgefüge, das sich sehr dehnbar und flexibel in euren Lebensfluss integrieren wird.

Hilfreich ist es ganz sicher, dass ihr in die Qualitäten der Tage hineingeht. Wie fühlt sich zum Beispiel der Freitagabend an? Ja, da geht doch eine schöne Freudenwelle durch die Menge.

A: Ein Schelm! Doch ich spüre es selbst. Obwohl ich längst nicht mehr im Gefüge von Terminen und Arbeitspflichten gefangen bin – Freitag ist eben Freitag. Und Montagmorgen ist – ganz anders.

SG: Wie wahr! Und hier beginnt dann der spannende Teil: Wenn ihr dies spüren könnt, beginnt damit, es zu genießen. So werdet ihr eine Umkehr der Hektik in eurem Leben manifestieren.

Nachdem ihr die Quantitäten gemeistert habt, werdet ihr die Qualitäten wieder schätzen und achten lernen. Ihr werdet spüren, in welchem Moment es brauchbar ist, bestimmte Rituale durchzuführen. Oder an welchem Punkt ihr eventuell ein neues Projekt planen solltet oder einfach nur genießen und ausruhen könnt.

Euer Geschenk – Der Transformationsatem

Eins eurer wertvollsten Geschenke, mit dem ihr euch in diesem Jahr selbst gesegnet habt, ist der transformierende Atem. Denn die Luft ist durchsetzt mit meiner lodernden Flamme. Und ihr müsst wirklich nichts anderes mehr tun als euch dieser Tatsache bewusst zu sein. Natürlich liegen in der Luft auch sämtliche Energien des Zeitgeistes. Durch HECHEL-Atmung (schielt zu mir) *sind diese niemals zu ergründen.*
Aber ich schiele doch nicht!

A: Oh pardon, so war das nicht gemeint!

SG: Erzähl du mir jetzt nicht, wie was gemeint war, wo ich doch aufpassen muss, dass du alles vollständig rüberbringst, was ich dir so tags und nächtens eingebe.

A: OK, dann sage ich eben: Du hast schräg zu mir herübergesehen...

SG: Schon besser!

A: Er kriegt aber auch alles mit...

SG: lacht glucksend...

A: (Diese Späße liebt er besonders. An sich würde er sich den ganzen Tag nur in diesem saloppen, spaßigen Ton mit uns unterhalten, wenn da nicht unsere brennenden Fragen wären. Und es ist wirklich so: Wenn ich einen Text mit Saint Germain mache, ist das mit zwei Stunden nicht abgetan. Meist dauert es länger und länger und länger – es vergeht noch eine Nacht (oder auch mehrere) darüber, und er gibt immer weitere Themen und Ideen ein. Ich komme dann erst zur Vollendung, wenn ich es einigermaßen durchdrungen habe).

SG: Ja, ja, nimm es in die Klammer!

A. Na danke, Frechheit... Merkt ihr was? (Aber er meint es liebevoll, ich weiß ja!) „Klar doch", wispert er süßlich, und hängt etwas an, was sich anhört, als wäre der Radiosender gestört – Rauschen eben.

SG: ROSA, wenn schon!

A: Ach, das versteht ja kaum jemand, oder?

SG: Dann erkläre es ihnen doch!

A: OK. Also der Begriff „Rosa Rauschen" oder auch „Weißes Rauschen" stammt aus der Radionik, wo man erforschte, dass in einer Art stetigem Frequenzstrom – also Rauschen – alle Informationen des Morphogenetischen Feldes der Erde und der Menschheit enthalten sind. Dieses Faktum nutzte die Radionik, um mittels radionischer „Raten" gezielte Übertragungen an menschlichen Systeme durchzuführen, die Entgleisungen aufwiesen.

SG: Gut. Danke. Merkst du, wie wir nun die Überleitung zum nächsten Aspekt finden?

A: Aber ja, genial!

SG: Also: Der Odem, wie der Atem auch in älteren Kulturen benannt wurde und wie ihr ihn so in Verbindung mit Gott bringen könnt, ist das wichtigste Verbindungsstück zum kosmischen Bewusstsein. Es ist ein Frequenzstrom, dessen Qualität ihr selbst bestimmt. Allein wenn ihr das Wort ODEM anstatt Atem benutzt, bekommt dieser so wesentliche Aspekt eures SEINS eine ganz andere Kraft.

Macht an dieser Stelle bitte eine Lesepause! Spürt hinein, und verbindet euch mit diesem Odem, dem göttlichen Hauch, dem göttlichen Atemzug.

Was geschieht da in euch? Könnt ihr es wahrnehmen? Ja, es ist die Göttlichkeit, die ihr in euch spürt, wenn ihr nur atmet. Ich hoffe, euch ist die Bedeutung dieser Thematik nun voll bewusst? Na, jedem noch nicht, leider.

Wir könnten auch sagen: Wer seinen Atem 2012 nicht meistert, verpasst seine wichtigste Lektion im Aufstiegsgeschehen!

Was meint ihr, warum es so viele Atemwegserkrankungen gibt? Euer Atem wird nun zu ODEM. Und dieser will sich letztendlich auch auf Körperebene bereinigen.

Nun lasst uns zur Tat schreiten und noch einige wertvolle Atemrunden einläuten, die ihr künftig zur Unterstützung aller Systeme einsetzen könnt. Diese Übungen könnt ihr täglich praktizieren.

♥♥♥

Atemmeditation

- *Lehne dich zurück und blicke gelassen auf die Dinge, die sich heute in deinem Leben ereignet haben.*
- *Öffne dein Herz weit und genieße es, dies einmal so sein lassen zu können...*
- *Schaue drei Tage zurück – genieße es.*
- *Schaue drei Tage vor – genieße es.*
- *Atme – die Verbindung deines Lichtkanals aktivierend – tief hinunter zur Neuen Erde, in ihr kristallines Herz.*
- *Lass den Atem weich zwischen deinem Herzen und dem Kristallherz der Erde fließen.*
- *Atme nach einigen Zügen hoch (übers Kronenchakra), höher und höher, bis in den Mittelpunkt der Quelle.*
- *Nun beobachte den Atemstrom, wie er fließt und deinen Körper, dein ganzes System nährt. Sowohl von unten aus dem Leib der Erde als auch von oben, durch das goldene Licht der Quelle.*
- *Lass den Strom zwischen Wurzel und Krone pulsieren.*

1. Zyklus: Alte Körpermatrix ausatmen

- *Atme von der Wurzel in dein Herz und von dort über die Krone deine alte Körpermatrix aus.*
- *Atme die neue kristalline Körpermatrix umgekehrt in deinen Körper ein, die alte Körpermatrix aus (von unten nach oben) und die neue Körpermatrix ein (von oben nach unten). Dies im Bewusstsein, dass du nun alles bekommst, alle Informationen, alle Frequenzen, alle Farben, alles Licht, alle Formen, die du in diesem Moment aufnehmen kannst, um deinen neuen kristallinen Körper zu entwickeln.*
- *Lass dir Zeit.*

2. Zyklus: Alte Seelenmatrix ausatmen

- *Atme zwischen Omega (Chakra 20 cm unterhalb der Wurzel) und Alpha (20 cm über der Krone) hoch und tief und lass den Strom pulsieren.*
- *Atme die alte Seelenmatrix von 1. Omega über 2. das Herz und dann über 3. das Alphachakra aus*
- *und die neue Seelenmatrix über 1. das Alphachakra, 2. in das Herz und 3. in dein System ein,*
- *so lange du brauchst...*
- *Lass geschehen, was geschehen will.*

3. Zyklus: Alten Zeitgeist ausatmen

- *Atme jetzt wieder in den Kristallkern der Erde, durch dich hindurch und über dich hinaus in die Zentralsonne Alcyone.*
- *Lass den Strom zwischen diesen Punkten und durch dein Herz pulsieren.*
- *Atme den alten Zeitgeist von unten hoch in dein Herz und vom Herzen aus in den Lichtkanal nach oben.*
- *Atme aus der Quelle den neuen Zeitgeist in dein Herz und von dort aus in den Lichtkanal nach unten.*
- *Spüre dieser Transformation nach, die in dir geschieht.*
- *Lass dir Zeit, lass es durch dich pulsieren und transformieren – ohne Absicht, ohne Ausrichtung.*
- *Es geschieht, wie es geschehen soll, vertraue!*
- *Schwinge aus und kehre zurück. Erde dich!*

Das war es für diesen Moment. Ihr könnt diese Atemübung täglich praktizieren, jedoch nicht bei Krankheit. Dann atmet nur auf Körperhöhe. Bei seelischen Problemen nur zwischen Alpha und Omega atmen.

Nur wenn ihr fit seid für die nächste Lichtdusche, den Transformationsatem: Erde – Quelle durchführen!

Ich verabschiede mich nun von euch.

Seid herzlich umarmt und geküsst von eurem genialen „Transformations-Kurs-Leiter" Saint Germain.

Adios Amigos!

♥♥♥

Drei Atemzyklen

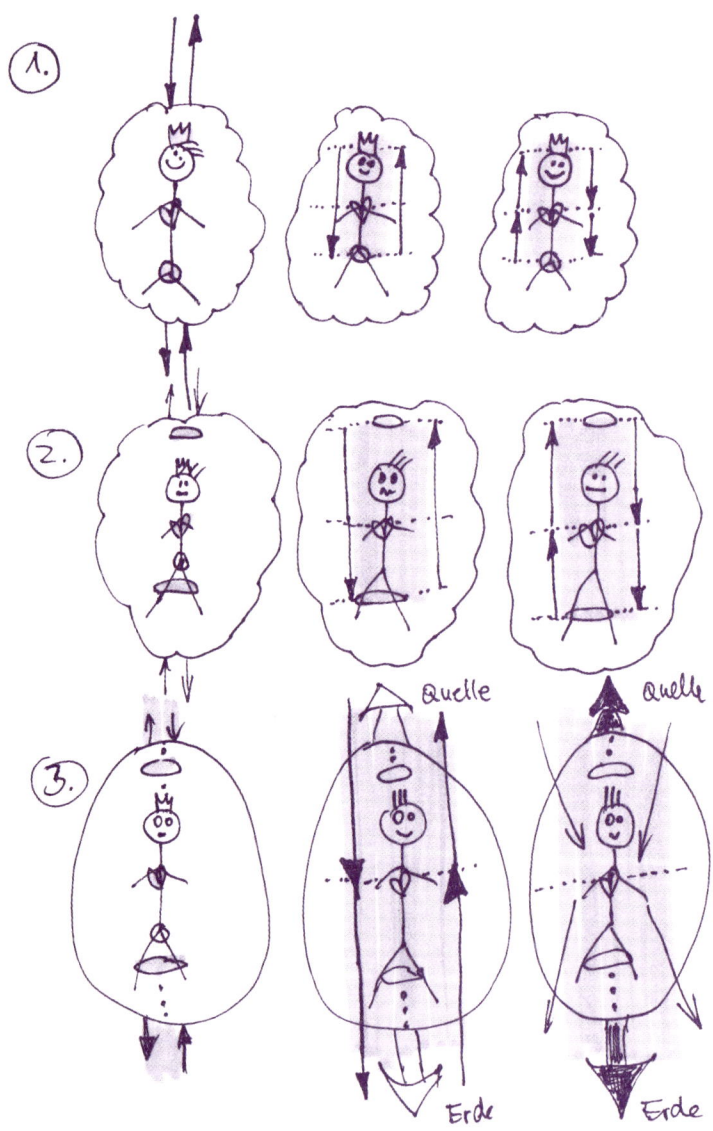

Verankerung der Seelenessenz

Wie unsere Vitalaura unser physisches Vehikel, genannt Körper, am Laufen hält, ist das Seelenselbst dafür zuständig, uns den richtigen Weg zu weisen und uns einzubetten in die Geborgenheit der Energie der Liebe, wenn wir (das heißt, unser Wachbewusstsein und damit der Egogeist) es zulassen. Es ist ihre Aufgabe, die Verbindung zum göttlichen Kern aufrechtzuerhalten oder wiederzubeleben.

Wirkliche Heilung von schmerzvollen Emotionserfahrungen, Lebensleiden und jeglicher Art von Krankheit ist immer nur in der Verbindung mit unserer Seele möglich. Die Seele zeigt an, ob ein Lebensthema gelebt und Heilung geschehen darf, oder ob weitere Erfahrungen notwendig sind. Je mehr wir mit unserem Höheren Selbst verschmelzen, desto besser können wir unsere Seelenqualität zum Ausdruck bringen. Es ist einer der wichtigsten Schritte überhaupt, die eigene Seelenenergie wieder in den Körper einzuladen. Es verändern sich dadurch viele Dinge – eher unmerklich und still.

Energetische Verschmelzung

- *Sitz gerade und bequem an einem ruhigen Platz und komme mit deiner Aufmerksamkeit in dein Herz.*
- *Atme senkrecht, aktiviere deinen Lichtkanal.*
- *Verbinde dich nach unten über die Wurzel mit dem kristallinen Kern der Erde und nach oben über das Kronenchakra mit der Quellenergie.*
- *Nimm Kontakt auf zu deiner Seele.*

- *Lass tiefe Liebe zu ihr fließen, um ihr so den Eintritt in deinen Körper zu erleichtern.*
- *Öffne deine Krone und dein Herz weit, atme in Liebe weiter hoch und tief.*
- *Bitte jetzt die Energie deiner Seelenessenz, sich wieder voll und ganz in deinen physischen Körper zu integrieren.*
- *Du spürst jetzt die Verschmelzung mit deiner Seele tief im Herzen, denn sie freut sich sehr, mit dir verbunden zu sein, und du fühlst Wärme und Geborgenheit.*
- *Sprich zu dir:*
  „Ich bin eins mit meinem höheren Seelenaspekt.
  Ich vertraue meinem Höheren Selbst.
  Ich erfahre diese Führung jetzt in meinem Leben.
  So sei es."
- *Atme einige Male hoch und tief.*
- *Erde alle Energien.*

Achte darauf, dass du die Energiewelle ganzheitlich spürst, bis hinunter zu den Fußspitzen. Du solltest warm durchflossen sein und dich anders fühlen. Wenn du es noch nicht deutlich spüren kannst, hast du den Kontakt bereits längere Zeit verloren und tust gut daran, diese Übung täglich zu praktizieren. (Gerade in Fällen von Schocks und lebensverändernden Situationen geschieht das häufiger.) Es geht leicht und dauert nur einige Minuten. Wenn die Seele lange Jahre außerhalb des Körpers geschwebt ist, hat sie immer wieder die Tendenz zu entgleiten.

Wenn du es jedoch selbst nicht hinbekommst, kannst du dir eine meiner CDs anhören (www.lichtkristallverlag.de und www.smaragd-verlag.de), weil du dann automatisch mit der höheren Schwingungsebene verbunden bist.

Du wirst spüren, dass du nach kurzer Zeit in der Lage bist, deine Entscheidungen besser zu treffen und dich mehr in dir geborgen fühlen. Mit dem aktivierten Seelenkanal empfängst du klarer deine innere Stimme und vertraust dieser Führung mehr und mehr.

Dunkel und Licht sind EINS

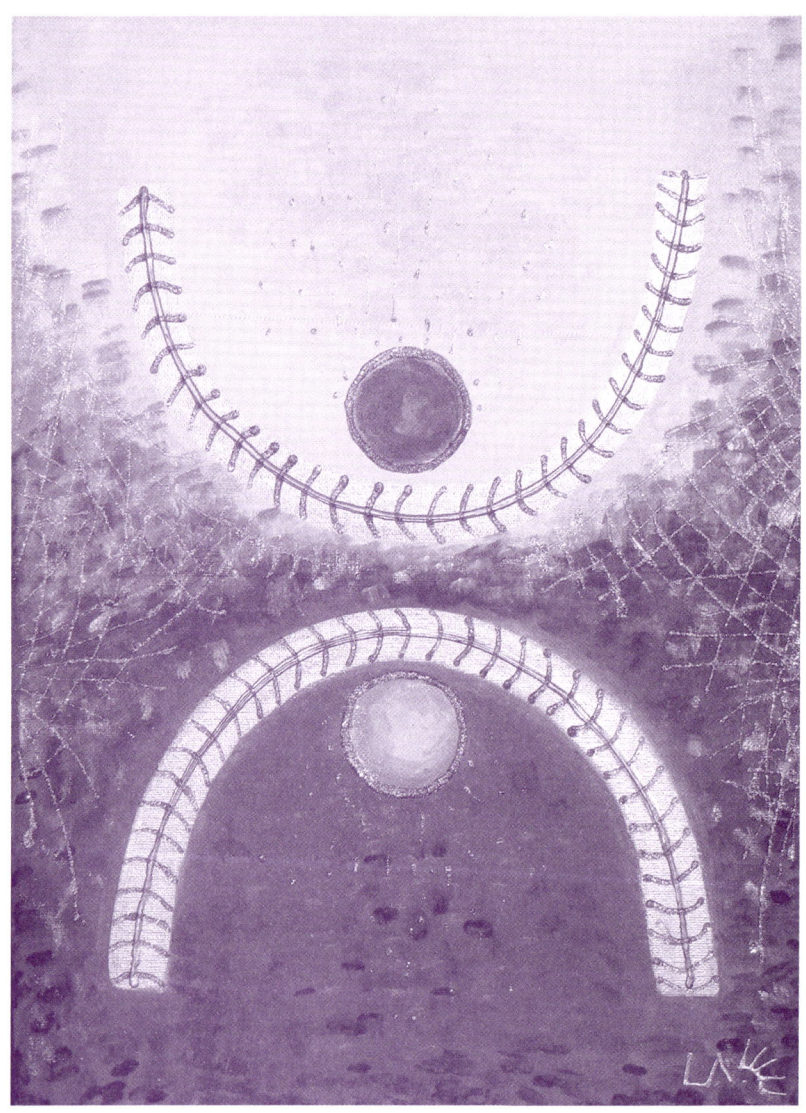

„Dunkel und Licht", Acryl auf HF – Andrea Kraus, 2010

Ode an die Dunkelwesen

Wisst, dass dies der Zeitpunkt ist,
vor welchem ihr euch zu Tode erschrakt.
Wisst, dass es das Lichttor ist,
das sich in diesem Moment auftat.
Wisst, dass alles nun EINS ist
– wie es keins ist.
Lasst sinken
die verschwörerische Hand,
die so oft in Leid gebannt.
Seht Herzensliebe in vollen Strömen,
seht, wie sich Bruder und Schwester versöhnen.
Kehrt um eure Meisterschaft zum Licht.
Gebt eurem Sein JETZT einen neuen Sinn.
Ihr seid es wert, in Leid oder Freud,
denn auch ihr seid
Gott geweiht!
So sei es.

Dämonen, Schatten und das „Schwarzlichtmilieu"

Die Kapitel vieler Bücher müssen angesichts der sich verändernden Realitäten umgeschrieben werden, und die spirituellen Autoren mancher Werke dürfen sich auf interessante Überarbeitungen und viele Neuauflagen freuen.

Nichtsdestotrotz gibt es Menschen, die ihren Weg langsamer beschreiten und sich weiterhin (oder erst neuerdings) mit dämonischen Energien und Schattenanteilen auseinandersetzen müssen.

Ich möchte das Thema nicht unbeachtet lassen, wenngleich auch die Möglichkeiten der raschen Abhilfe heute mehr gegeben sind als noch vor einiger Zeit.

Über allem steht ein wichtiger Satz:

Schwarzmagische Praktiken haben jetzt keine Wirkung mehr, weil wir es auf kollektiver Ebene entschieden haben. So ist ES.

Der Prozess der Wandlung ist längst so weit fortgeschritten, dass die Felder in entsprechender Schwingung sind und demzufolge keine destruktiven Neuprogrammierungen unterstützen. In der hohen Ordnung des hereinfließenden Lichts werden sie zerrinnen wie Butter in der Sonne. Außer – wir öffnen ihnen Tür und Tor (Angst) und möchten diese Erfahrung noch durchlaufen.

Andererseits transformieren wir seit Jahren global unsere Anhaftungen an das Dunkel und wenden uns weiter dem Licht zu. Das bedeutet: Wir werden von den Qualitäten und Wesen des Lichts durchzogen und geführt. Dagegen ist das Dunkel machtlos. Obendrein erhält es keine Unterstützung mehr vom Zeitgeist, der jetzt auf der Erde herrscht. Es wird also zunehmend schwieriger für alle Anhänger dieser alten Garde, ihre dunklen Praktiken wirkungsvoll und nachhaltig umzusetzen. GOTT sei Dank!

Doch alte schwarzmagische Energien sowie Schmerz, Krankheit und Verderb wollen aufsteigen. Wie? Durch uns! Das sind die unschönen und schmerzhaften Prozesse, denen wir uns unterziehen müssen, da sonst all das Dunkel (in unseren Feldern) steckenbleibt und wir auf allen Wegen stagnieren.

Viele unserer lichtvollen Zunft sind in mehreren Inkarnationen als Judas(se) gekommen, um Menschen in den Abgrund zu führen. Warum? Weil wir alle diese Erfahrungen wollten. Wir haben nur unsere Seelenverträge erfüllt. Heute bemühen sich ebenso viele Lichtarbeiter, das Licht weiterzutragen und hochzuhalten. Damit gleichen sie – vielfach wieder durch Seelenverträge – ihre dunkle karmische Last aus. Nur die meisten wissen und glauben es nicht und begehen daher den großen Fehler oder, besser, bevorzugen die Erfahrung, das Dunkel nicht zuzulassen.

Kleine Geschichte aus meinem Praxisalltag:
Vor einiger Zeit kam eine brünette hübsche Frau in den 50ern zu mir und bat mich um Unterstützung für die „Bekämpfung" ihrer Dämonen.

Sie erzählte mir, dass sie mit der Schwiegermutter ihrer Tochter ein „enges dämonisches Verhältnis" hätte. Diese Frau würde nachts in ihre Sphäre eindringen und sie ihrer Kräfte und Energien berauben, sodass sie alle völlig am Boden wären und nur noch Angst hätten. Mit der Tochter würde das Gleiche geschehen. Die blonde junge Frau, die eher einem Engel glich, war bereits so ausgezehrt durch ihre Ängste, dass sie fast nur noch Haut und Knochen war. Mit ihrer Tochter (vom Sohn der Schwiegermutter) lief genau dasselbe ab. Sie wurde ebenso regelmäßig dämonisch kontaktiert.

Die junge Mutter war der Verzweiflung nahe, weil sie weder in der Lage war, einer normalen Arbeit nachzugehen, da sie ja das Mädchen bewachen musste, damit ihr nichts passierte. Auf der anderen Seite war das Verhältnis zum Vater des Kindes gestört und ebenso mit Angst überlagert, da dieser bei einer eventuellen Trennung drohte, das Kind zu entführen. Was macht so eine junge Mutter? Was würden viele junge Mütter in solchen Fällen tun? Sie verhalten sich ruhig und unauffällig und ertragen still – zum Schutz des Kindes – ihr Leid. Sie kam nur ein-, zweimal vorbei, weil ihr Mann davon nichts merken durfte.

Trotz dieser bedrückenden Situation konnte sie sich nicht entscheiden, ihre Ängste einmal anzusehen und vielleicht mit meiner Hilfe wirklich etwas zu bewegen. Sie konnte sich nicht vorstellen, dass sie es selbst in der Hand hatte, hier eine Veränderung herbeizuführen. Stattdessen reflektierte sie immer weiter über die dämonischen Praktiken, die ihre Anverwandte anwendete.

Das ist nur eine Geschichte von vielen, die es weitverbreitet gibt. Manche Menschen wissen noch nicht einmal, dass sie dämonisch beeinflusst werden. Sie erdulden still den Energieraub und glauben, sie wären von Natur aus geschwächt und krank.

Es gibt unendlich viele Facetten solcher Geschichten – ich selbst erlebte ähnliche.

Doch unumstößlich ist: ALLES IST EINS!
Dunkel und Licht sind EINS!

Wir können nicht nur Licht wollen und alle dichten Energien ablehnen. Das funktioniert nicht. Es geht darum, sie bewusst zu integrieren, damit sie uns nicht mehr im Außen und damit im abgetrennten Zustand anfallen und auszehren können. Bringen wir die beiden Pole von Dunkel und Licht in unserem Herzen in Einklang, kann sich das Dunkel (in jeder Form) aus den Feldern der Menschheit herauslösen. Nur müssen wir bei uns selbst beginnen.

Mit der Mutter arbeitete ich vielleicht ein bis zweimal, baute ihre Energien wieder auf, die total am Boden waren, weil sie ja täglich heimgesucht wurde. Ich bat die Engel um Lichtschutz und so weiter... Sie fühlte sich kurze Zeit auch sehr wohl. Doch das Ganze brach schneller als ihr lieb war wieder in sich zusammen, weil sie sich unbewusst für die Angriffe öffnete. Ihre Ängste ließen Löcher in ihrem Feld entstehen. Durch diese Tore fanden die dunklen Mächte stets Einritt in ihre Felder. Sie wollte nichts hören von „Integrieren" und „Schatten annehmen". Sie wollte einfach nicht akzeptieren, dass sie sich an der Stelle selbst helfen konnte. Hätte sie die dämonische Schwiegermutter bewusst in ihr Herz eingeladen, wäre die Macht des geistigen Überfalls unterbunden gewesen.

Ich gab ihr Beispiele, wie ich selbst es geschafft hatte, mich aus ähnlichen Situationen zu befreien. Doch sie verleugnete ihre eigene Macht und konnte nicht annehmen, dass sie selbst gefordert war, die Situation zu meistern. Denn schließlich wäre sie nur so aus ihrer Opferrolle wieder herausgekommen.

Sie stellte sich einfach vor, dass es jemand für sie tun sollte – irgendwie, schamanisch, magisch, esoterisch Dämonen vertreiben –, und das möglichst sofort. Sie war in ihrer Leidensgeschichte „weit" gekommen und hatte seit Jahren unzählige Heiler, Wahrsager, Hellseher aus der Umgebung und auch aus den Medien um Hilfe gebeten – ohne Erfolg. Wenn diese hochkarätigen Fachleute ihr alle nicht helfen konnten, was blieb da noch übrig?

Das ist ein Beispiel dafür, wie eine ganze Familie in einer sehr dunklen Verstrickung leben kann und diese – teilweise sogar bewusst – zulässt. Aufgrund vergangener Leben, als magische Priesterin der Dunkelheit, hatten sich in ihren Räumen eine Menge dichter Energien angehäuft, durch die sie in Resonanz war.

In dieser Zeit erhöhter Lichteinstrahlung quoll es in Personifizierung der Schwiegermutter hervor, um mit ihr einen Schabernack zu treiben und weiter ihre eigene Meisterschaft zu vernebeln. Das tun Dämonen gerne! Und sie haben ihre dunkle Freude daran.

Es gibt tatsächlich nichts Stärkeres, als die eigene Kraft und Macht anzunehmen und damit allem Spuk ein Ende zu bereiten – und ja, an dieser Stelle vielleicht mit geistenergetischer

Unterstützung. In solch einem Fall, bei entsprechender Mitarbeit des Betroffenen und vor allem klarer Entscheidung für den eigenen Weg, hätten wir gemeinsam diese Situation locker klären können. Doch waren ihre Ohren taub für diese Mitteilungen, und sie ist wahrscheinlich heute noch angstvoll blockiert, um ihr eigenes Drama in allen Facetten auszuleben.

An dieser Stelle trete ich zurück und überlasse der Seele ihre Entscheidung. Denn jeder Mensch hat einen göttlichen Funken und ist ewig verbunden mit der Quelle, auch wenn er es längst vergessen hat. Somit hat jeder Mensch das Recht, seinen eigenen Willen zu leben, das jedoch mit allen Konsequenzen.

Es ist ähnlich wie bei Kranken, die partout nicht begreifen, dass ihre Krankheit in ihnen entstanden ist und nur von dort geheilt werden kann, wenn sie die Verantwortung übernehmen. Wir können ihnen gerne zeigen, wie sie dahin finden, ohne ihnen gleich in hilfesüchtiger Blindheit den Weg überzustülpen. Jeder kann frei entscheiden und seine Lasten auch weiterhin tragen. In der Heilkunde gibt es einen geflügelten Satz, der mir dann immer einfällt: „Der Leidensdruck ist noch nicht groß genug."

Gerade bei flüchtigen Bekannten, Verwandten oder Nachbarn kommt es öfter vor, dass sie gerne ihre Krankheitsgeschichten erzählen wollen. Einfach so, zwischen Tür und Angel oder an der Bushaltestelle – als Small Talk. Kennst du das auch? Ja, klar. Meistens nicke ich dann teilnahmslos und fühle gleichzeitig, dass sie etwas ganz anderes wollen als Heilung: Aufmerksamkeit. Würden sie wirkliche Hilfe wollen, würden sie an dieser Stelle auch ihr Problem mit der nötigen Achtsamkeit versehen und bei uns in der Praxis vorbeischauen. Doch meistens wollen sie nur sehr ausschweifend darüber berichten, und es interessiert sie überhaupt nicht, ob ihnen jemand zuhört.

Bitten sie jedoch wirklich um Hilfe, werden diese Menschen von uns allen in bedingungsloser Liebe empfangen. Wir spielen auf der Klaviatur unserer erprobten Fähig- und Fertigkeiten und treffen dabei immer öfter ins Schwarze. Oder?

Alle unsere Schatten sind wir selbst. Alle dämonischen Erscheinungen haben immer etwas mit uns selbst zu tun, mit unseren Vorleben oder Parallelidentitäten. Nichts kommt zufällig daher, um uns sinnentleert zu blockieren und zu malträtieren. Sie tauchen manchmal in der Nacht auf oder in Räumen, die wir mit unserem Wachbewusstsein nicht erreichen können.

Gerade in den Astralschichten sind so viele Wesen verborgen, die nur dann wahrgenommen werden, wenn wir unsere Hellsicht einigermaßen entwickelt haben. Oft nahm ich Dinge wahr – gerade wenn es um schwarzmagische Aktivitäten ging –, die mir andere spirituelle Heiler nicht unbedingt bestätigen konnten. Es war eine tiefere Ebene, und nicht jeder ist bereit, die Ärmel hochzukrempeln und dort nachzusehen. OK.

Ein anderes Beispiel für dämonische Besetzungen gibt es auch unter einigen „Gesellen" unserer Zunft. Da gibt es jene, die gerne und immer dreister ihren „Kollegen" zu Leibe rücken (bevorzugt vor versammelter Mannschaft), um ihnen erst einmal mit großem Nachdruck zu erklären (Mentalebene und vielfach straff erprobtes Gebiet für schwarzmagische Angriffe über den Intellekt), was in Wirklichkeit Sache ist – ihrer Meinung nach.

116

Ich sehe da einige von euch zustimmend nicken? Sie lassen sich breit aus über ihre Fähigkeiten und ihr diesbezüglich „hohes" Wissen und stecken jeden, der ihnen auf den spirituellen Leim geht, dabei in ihren Sack.

Oh, ich kenne sie, und sie sind bösartig. Ich habe vielschichtig und ausprägend die Möglichkeit gehabt, sie zu studieren. Als Logenbrüder oder schwarzmagische Priester, als dämonische Gesandte oder vampirische, besessene Liebhaber in dieser und vielen anderen Inkarnationen.

Habt acht, ihr Lieben, was hier geschieht! Tretet zurück und legt euch nicht mit ihren Dämonen an! Öffnet euer Herz und fühlt. Seht ihnen (kurz) in die Augen, dort erkennt ihr die dunklen Absichten, und in den Worten fühlt ihr die Enge oder den Druck. Hier gibt es nur einen Weg, den Angriffen zu entkommen: Denkt nicht nach und wertet nicht. Lasst euch nicht herabsetzen durch ihre intellektuellen Wortschönfärbereien. Ja, und auch sie treffen euch, weil ihr in Resonanz seid. Atmet mit ihnen und für euch selbst. Fühlt, was da in euch hochkocht und lasst alle Energien frei fließen. So und nicht anders nehmt ihr ihnen die Macht über euch.

Nun – das Kapitel Dämonen und Schatten birgt andererseits auch ein schaurig-schönes Spannungspotenzial. Selbstverständlich gibt es Tausende Ausführungen, Gesichter, Geschichten und Begebenheiten in den dunklen Reichen. Wie schon erwähnt, ist es nicht selten, dass große Schwarzmagier ihr weißes Mäntelchen ausbreiten und die Hände verschwörerisch zum Himmel heben...

Und doch, wenn wir genau hinspüren, bemerken wir vielleicht, dass uns der ewig feist lächelnde Geistheiler, Guru oder Seminarleiter flugs gleich einen ganzen Batzen Energie entrissen hat. Meistens indem er allwissend bemüht ist, das Licht der sogenannten „Schüler" möglichst klein zu halten. (Allein der Ausdruck „Schüler" ist in Anbetracht der Größe jeder Seele geradezu erniedrigend. Doch es ist sogar legitim, sich so zu überhöhen.) Es impliziert außerdem, dass einer der Be-Lehrer wäre und der andere Belehrter. Wie fühlt sich das für euch an? Dabei handelt es sich doch immer um Seelenkommunikation, um Austausch von Energien, nicht wahr?

Vernebelung – eine Taktik der Magier

Unscheinbar sein durch Vernebelung ist eine weit verbreitete Taktik der Magie. Einige spirituelle Meister predigen das Heilvolle und sind selbst ausgelaugt durch die kräftezehrende Ablehnung ihres eigenen Dunkels. Nun müssen sie andere in magischer Weise blitzartig aussaugen. Das geschieht meistens auf verschiedenen Ebenen: geistig, intelektuell, emotional oder auch im zwischenmenschlichen Bereich.

Wir treffen sie an unspektakulären Orten, zum Beispiel an den Theken im Supermarkt, wo sie manchmal ihre Aggression in jedes Papier mit einwickeln und dem Kunden in die Hand drücken. Gerne sind sie auch als Versicherungsvertreter oder Kundenberater unterwegs (umnebelt und damit unerkenntlich für Normalbürger).

Kürzlich stand solch ein dunkles Duo direkt vor meiner Tür

– wie von Honigkuchen angelockt – und wollte mich für seine Kirche werben. Ich erkenne es sofort an den Augen. Meist sind sie auch noch dreist und dringen in unsere Aura vor, um unbewusst nachzugraben, wo ein Schlupfloch ist...

In den Gerichten und Anwaltskanzleien tummeln sie sich gar zu gerne, und natürlich weit verbreitet im therapeutischen Bereich, da ja der Opferzulauf dazu noch staatlich sanktioniert ist. Stichwort Hypnose, Psychoanalyse usw. Seid wachsam, wem ihr euer Bewusstseinsfeld öffnet!

Wir spüren es, wenn wir ihnen begegnen, dass wir sofort ein mulmiges Gefühl haben. Uns ist irgendwie unheimlich zumute. Beobachtet das einmal.

Anfangs mied ich selbst diese Leute, bis ich mich mehr und mehr stabilisierte. (Das findet automatisch statt, wenn wir unsere Aspekte integrieren.) Später betrachtete ich sie dann auf der Seelenebene (nicht auf der physischen) als meine Meister, die mich lehrten, bei mir zu bleiben, meine Felder zu fluten, meine Ströme auszubalancieren. Heute erlebe ich das nur noch sehr selten, nämlich dann, wenn besonders versierte Magier am Wirken sind oder sozusagen alte „Kumpane" von früher.

Okkultisten und Schwarzmagier

Sie können sehr viel, DIE aus den alten Okkultistenschulen, den Magier-Colleges und den Logen... Sie verpflanzen Implantate, sie bannen, setzen energetische Chips, vollziehen alle möglichen schwarzmagische Rituale, betreiben Hexerei, verfluchen, verwünschen, legen Fallstricke, schirmen das Energiefeld ab, infiltrieren Gifte ins Blut, fertigen Verpanzerungen, schicken uns Schwärme von astralen Parasiten und anderen Viechern, dass es einem den Magen rumdreht, all diese dunkle, eklige Vielfalt anzuschauen. Ja, sie können auch Firmen lahmlegen, Wohnhäuser einspinnen, Menschen in den Suizid treiben, Frauen sexistisch verfolgen, geistigen Beischlaf mit ihren Opfern betreiben und viele andere boshafte Dinge.

Ich will das Kapitel wirklich nicht weiter ausmalen, sondern nur umreißen, um Beispiele aufzuzeigen, wie wir damit umgehen können. Darüber könnte ich jedoch Bände verfassen. Doch dadurch würde ich dem Dunkel nur Kraft geben – also kein Thema. Ich hülle diese Kapitel in ganz besonderes Licht, damit sie lediglich Erwähnung (ohne Ladung) finden.

Eiskalter Nachtbesuch

Einmal, ich erinnere mich genau, hatte ich in der Nacht „Besuch" eines solchen Magiers. Ich spürte in jeder Faser meines Körpers dieses unheimliche Gefühl. (Ich weiß also, was Menschen durchmachen, wenn sie mit ähnlichen Dingen attackiert werden.) Ich fühlte, wie er in mein Feld eindrang und hatte natürlich Angst. Unter anderem, weil ich so erschrocken war. Er leerte mich aus – komplett. Er griff mich über die Reiki-Zugänge an (ich hatte sie damals noch im Feld). Innerhalb von Sekunden war ich eiskalt, wie steif gefroren. Ich rief zuallererst Erzengel Michael für meinen Schutz, dann die gesamte Riege der Erzengel und dann noch die Weiße Bruderschaft. Innerhalb der nächsten Stunde – so lange dauerte meine Transformation und der

Lichtaufbau – war ich wieder warm und schlief sofort ein. Heftig!

Hier ist zu beachten:
Was wir aussenden, kehrt stets zu uns zurück – natürlich –, auch wenn wir uns dessen nicht mehr bewusst sind. (Die größten Unschuldslämmer halten öfter krasseste Verbindungen und vernebeln sich perfekt, um nicht erkannt zu werden.)

Das Seltsame in bezug auf diese Geschichten ist: Ich könnte viele weitere Kapitel darüber verfassen, und die Menschen würden es gerne lesen, weil sie irgendwie süchtig danach sind. Wir verbrachten schließlich die letzten 2000 Jahre in der Dunkelheit, dadurch sind wir daran gewöhnt. Es ist uns vielfach „geläufiger" als das Licht.

Denkt doch nur einmal an unsere Nachrichten: Wer würde sie noch sehen oder hören, wenn ausschließlich Erfolge, Freude und lichtvolle Begebenheiten geschildert würden – obwohl es für die gesamte Menschheit sehr heilsam wäre? Nein, wir kleben irgendwie noch fest, kommen schwer los. Selbst die „Allerheiligsten" sind nicht frei davon.

Lichtvolle Transformation

Lassen wir zu, dass es ist, wie es ist. Atmen wir mit den dunklen Strömen, um sie so über unser transformiertes Bewusstseinsfeld und innerhalb unseres liebenden Herzens zu erlösen und zu erhöhen. Nur dadurch kann es sich wandeln. Wenn wir mit aller Kraft diese Dinge verdrängen oder davor weglaufen, wird das Dunkel der Welt und das in uns noch mächtiger und gewaltiger.

Wir haben zu erkennen, dass wir im Außen den Spiegel unseres Inneren finden. Dass wir es selbst sind, die die Projektionen auf andere Seelen legen. (Wie ich bereits im Vorfeld beschrieben habe.)

Letztendlich steht der Schlusssatz für eine allumfassende Transformation jeglichen Dunkels:

ICH BIN EINS MIT ALLEM-WAS-IST

Diesen Satz sollten wir täglich beherzigen. Er ist nicht neu, nein. Wir können ihn nur unter neuen Gesichtspunkten beleuchten. Das bedeutet: Ich bin wahrlich eins mit dem Dunkel und mit dem Licht, ich bin eins mit dem Grauen und mit der Freude, mit dem Guten und mit dem Bösen.

Früher haben wir diesen Satz hauptsächlich angewandt, wenn wir lichtvolle Dinge getan haben. Das war gut so, weil wir unsere Kraft zunächst aufbauen mussten. Doch heute IN-TEGRIEREN wir das Dunkel, denn unser Licht strahlt bereits kraftvoll. Seien wir uns bewusst, das jegliches Dunkel im Licht unserer Seele keine Chance mehr hat. Wer da glaubt, er habe keine Resonanz mehr (nö nö...), der hat wahrscheinlich seine Transformationsaufgabe nicht verstanden, oder?

Habt Mut, liebe Schwestern und Brüder, und lasst uns nicht im Regen stehen. Helft mit, die Schatten zu durchlichten. Im Quantenbewusstsein ist es nur noch ein Augenblick der vollkommenen Hingabe.

Warum in Gottes Namen sollen wir das tun?

Und: Was haben wir davon?

Eine berechtigte Frage, auf die ich gerne näher eingehe. Wie wir erkannt haben, ist alles in unserem Universum aus der Liebe des EINEN entstanden. Die Natur dieser Liebe, dieser Urenergie, ist Bewegung und freies Fließen. In dem Moment, in dem wir Energie einbinden oder ihr eine Prägung geben, kann sie das nicht mehr. Sie fließt vielleicht langsamer, und später sammelt sie sich an einem Punkt, weil wir sie durch unsere Absicht festhalten. So entstand die gesamte materielle Ebene – vereinfacht dargestellt. Und so entstehen auch Blockaden. Später werden daraus vielleicht Unwägbarkeiten oder Krankheit.

Prägungen bringen wir auch aus anderen Inkarnationen mit. Sie brauchen einige Zeit, um sich zu verfestigen – also körperlich zum Ausdruck zu kommen. Gerne stapeln sich emotionale Störungen, verursacht durch Vorfälle in der Kindheit, obendrauf, denn das Feld ist ja bereits geschädigt und zieht so weitere Dissonanzen an.

Öffnen wir die Blasen angestauter Energien aus früheren Zeiten und lassen sie endlich frei fließen, werden wir uns erleichtert und befreit fühlen, haben plötzlich neue Kraft und dehnen unser Feld endlich wieder aus. Wir sind befreit von der Last und oft in der Lage, unser Leben zu verändern und neue Entscheidungen zu treffen, die uns wieder ein Stück mehr in Verbindung mit unserer Seele bringen. Dafür lohnt es sich allemal, das DUNKEL anzunehmen, oder?

Natürlich verstärken sich in den Augenblicken der Transformation alle Empfindungen, und es ist oft kein leichter Part, dies durchzuziehen. Vielleicht geht es nicht immer ganz ohne Hilfe. Es fließen Tränen und unangenehme, verdrängte Gefühle kommen zum Vorschein. Nun sollte ersichtlich sein, dass wir alle Energien wieder in den Fluss bringen sollten. Allein deshalb, weil dann die bedingungslose Liebe des Schöpfers ungehindert durch uns fließen kann.

Doch was erwartet uns am Ende?

Dunkel ist gleich Licht. Dunkel ist jedoch verdichtetes und verlangsamtes Licht. Lösen wir also unsere dunklen Transformationsaufgaben, steht uns die geballte Ladung als Lichteinheit zur Verfügung. Dafür lohnt es sich, meine ich, auch mal Überstunden zu machen, nicht wahr? ( )

♥♥♥

Integration des Dunkels

Und ich nehme wahr, dass ich wieder zahlreiche Einwürfe „von oben" erhalte – wie gesagt, auch dieses Buch schreibt sich irgendwie von selbst. () (Jedoch musste ich dieses Mal viel nacharbeiten, da sich die Energien ständig verändern, was natürlich Zeit in Anspruch nahm).

Mir wird eingegeben, dass ich doch bitte eine Führung für die Integration des Dunkels einfügen möge. Eye, Eye, Sir.

WER von den lichtvollen Herrschaften steht jetzt zur Verfügung dafür? (Ich glaube, sie mögen meinen saloppen Ton nicht so, bevor die Verbindung richtig zustande gekommen ist – pardon! Ich gehe schon in mich. Die Energien sind aber auch jedes Mal anders...)

♥♥

Liebe Schwester, es geht nicht darum, welchen Ton du anschlägst, sondern um deine Energien in dem Moment, da du uns nur in der entsprechenden Qualität gut hereinbringen kannst. Es geht zutiefst nicht um eure Ausdrucksweise – und wir wissen, dass du in deinem Wesen viel von dem Feuer des Widders trägst...

A: Kann ich wohl sagen.

Du tust gut daran, dich etwas mehr in Demut zu üben, da du in dieser Energie die beste Verbindung hast.

A: Hm. Danke!

Ihr Lieben, WIR sind hier, um euch einen weiteren Schritt in der Bewusstseinsschulung voranzubringen.

A: Wer ist jetzt genau hier?

Warum fragst du, wir sind viele.

A: Kann ich bitte genau erfahren, wer? (Es ist eine andere Energie ... könnt ihr es fühlen?)

Verstehe, es spielt zutiefst keine Rolle mehr, wer hier von der anderen Seite hereinkommt, da wir immer das Große Ganze sehen. Wir haben die Übersicht der Vorgänge auf eurem Planeten und natürlich auch bezüglich eurer Weiterentwicklung beziehungsweise Rückerinnerung.
Wir sind EINS mit euch. Damit sind WIR IHR in einer lichteren Energie. Es ist schwierig für den linearen Verstand, diese Nüsse zu knacken. Aber gut. Hake dich da nicht weiter ein.

Meditation mit El Morya(!)

- *Lehne dich zurück und schließe deine Augen, atme sanft und fließend in deinem eigenen Strom.*
- *Fühle dich, fühle hinein in deine Ausdehnung, deine Sphäre. Kannst du dich spüren?*
- *Ziehe nun in deine Aufmerksamkeit, was dich in diesem Moment des Jetzt bedrückt, was dich schmerzt, dir Sorgen bereitet.*

- *Nimm wahr, wo es sich befindet, lote genau aus, an welcher Stelle es in deinem Raum fühlbar ist.*
- *Hast du es gefühlt?*
- *Gehe auf diese Energie näher ein, genau dort, wo sie sich jetzt befindet.*
- *Komm zum Mittelpunkt des Gebildes oder der Form, das/ die du wahrnimmst.*
- *Fühle, was du nun fühlst – in aller Stärke –, eine Weile, mindestens so lange, bis die Ladung nachlässt.*
- *Erkenne, dass es Energie ist und lass deine Bezeichnungen, deine Überzeugungen dazu einmal mehr los.*
- *Du bist Schöpfer deines SEINS.*
- *Du bestimmst die Wege, die du gehst oder nicht gehst, so, wie du alle Wege bestimmt hast, die du gekommen bist.*
- *Du legst fest, wer du bist und was du fühlst.*
- *Es gibt niemanden außer dir in diesem Raum. Fühlst du ES?*
- *Nimm ES an und atme!*
- *Lass es fließen, wohin es fließen will, lass es in dir frei!*

Du hast jetzt deinen Energiefluss bewusst gemeistert.
Ehre dein SEIN.

El Morya (viel später) zu mir:

Jetzt, wo du einen großen Teil des Buches fertiggeschrieben hast, möchte ich dir sagen, dass wir dich für deinen Fleiß ehren. Du bist unermüdlich! Vielleicht hast du meine Worte zu Anfang ein wenig zu schroff formuliert. Wir meinen es gut mit dir, geliebte Schwester, und schätzen deinen Einsatz sehr. Nimm unser Licht zum Zeichen der Anerkennung.

Als du vorhin eine halbe Stunde geschlafen hast, wurden dir weitere Frequenzbotschaften übertragen. Du hast es gespürt. Sie öffnen sich immer dann, wenn du loslässt. Wir lieben dich und euch alle und hüllen euch in ein zartweißes Engelslicht.

A: Danke, lieber Meister. Ich fühle mich zutiefst berührt!

♥♥♥

Astralwesen und -welten

Die materielle Welt wirft ihre Projektionen in die Astralwelt, (auch 4D-Ätherwelt oder Jenseits genannt), die mit den normalen Sinnen nicht erfasst werden kann. Diese Spiegelwelt – das sind weitgefächerte, farbkräftige Universen voller Wesen und Unwesen, voller Bilder des Grauens und der Schmach, oder auch der Freude und der Leichtigkeit. Hier treffen wir auf menschliche Geister und Seelen genauso wie auf Dämonen, Kobolde, Zwerge, Elfen oder Feen. Mit unserem Astralleib, der mit dieser Ebene verwoben ist, reisen wir, meistens unbewusst im Schlaf oder auch manchmal in Zuständen tiefer Meditation, in diese Sphäre und sind durch unseren Lichtkanal verbunden, der uns immer wieder sicher im Körper landen lässt.

So astral auf Reisen bewegen wir uns in Lichtgeschwindigkeit weit aus unserem physischen Körper heraus und hinein in die mannigfaltigen Ätherebenen. Die Astralsphäre wirkt in die Körperwelten hinein und kann sie signifikant beeinflussen. Viele hundert Jahre nutzten Medizinmänner, Schamanen und Heiler ihre Fähigkeiten, bewusst in die Astralsphäre zu gehen, um dort Zusammenhänge näher zu erkennen, bestimmte Interventionen vorzunehmen oder geistige Operationen durchzuführen – vielfach mit großem Erfolg. Denn die ätherische Spiegelebene ist dieselbe Welt wie unsere sichtbare, nur in einer anderen Vibration. Die Fernheiler unter uns wissen das sehr gut. (Das ist auch so ein Beispiel: Denk mal nach, wie das früher war. Erinnerst du dich, als wir uns alle noch fragten: Fernheilung – wie soll das denn gehen? Mittlerweile sind Tausende dazu in der Lage und bestens dafür ausgebildet. So hat sich unsere Welt verändert!)

Alle Seelen, die unsere Realität verließen, kamen zunächst in dieser Ebene an, bevor sie sich für eine weitere Inkarnation auf Erden entschieden oder in die Seelenwelten wechselten. Es kam ganz auf das Bewusstsein des Sterbenden und den Glauben an, in welche der Sphären er überwechselte. Viele Seelen „verstanden die Welt nicht mehr", weil sie sahen, dass hier alles ähnlich der physischen Ebene war, verirrten und verfingen sich in den niederen Astralwelten und hielten sich dort lange Zeit als ruhelose Geister auf (Die Serie „Ghost Whisperer" zum Beispiel zeigt solche Fälle).

Um entsprechend zügig in die höheren Welten zu gelangen, bedurfte es einer speziellen Führung. Diese Aufgabe übernehmen heute spezielle Sterbebegleiter oder spirituelle Heiler, die über die Anbindung und das Bewusstsein verfügen, den Sterbenden über die „Brücke der Blumen" zu geleiten. Diese Brücke bildet den Übergang von der astralen Welt in die lichtvollen Seelenwelten.

In der Astralwelt sind die Verstorbenen nie allein, denn sie werden dort immer von Verwandten oder Freunden empfangen und auf ihrem neuen Weg begleitet.

Manchmal hatte auch ich die Aufgabe, Seelen weiterzuführen, obwohl die Angehörigen noch an ihnen festhielten. Für mein Dafürhalten gibt es keinen liebevolleren Dienst am Mitmenschen, der sich entschieden hat, zu gehen, als ihn in die höheren Lichträume zu führen. Denn dort erfahren sie die grenzenlose Freiheit, den Frieden, das Licht und die Liebe, die sie manchmal im Irdischen entbehrt haben, und das oft aus eigener Entscheidung heraus.

In aller Zeit standen die Verstorbenen in Kontakt mit ihren Lieben, beobachteten und besuchten sie oft. Sie bewahrten sie vor Gefahren und halfen ihnen, indem sie ihnen Gedanken und Inspirationen eingaben. Heute ist die Energiesphäre unseres Felds so kraftvoll, dass wir diese Seelen oft durch einen bloßen Gedanken zu uns rufen können. Wir können uns also bewusst entscheiden, mit ihnen in Kommunikation zu treten. Gerade Haustiere haben ein feines Gespür dafür, wann ihr Besitzer ihnen einen Besuch abstattet.

Die verstorbenen Seelen können mitunter wichtige Informationen vermitteln und den Hiergebliebenen im Traum mitteilen, dass es ihnen gut geht. Erst wenn sie ihre Lektionen vollständig abgeschlossen haben, wechseln sie in weit höhere Lichtebenen. Auch von dort können sie uns Botschaften und weitere Hilfestellung zukommen lassen, wenn wir dies zulassen und es ihre Entscheidung ist.

Kein Toter ist wirklich „tot" – im Sinne herkömmlicher kirchlicher Lehren. Er hat lediglich seinen materiellen Körper verlassen, doch er existiert weiterhin, weil sein SEIN ewig ist.

Ehren wir den Tod, denn wie traurig, tragisch oder unerwartet er auch immer sein mag, er ist eine große Befreiung für jede Seele. Die Loslösung vom physischen Körper ist ein Geschenk, um endlich wieder in die weit harmonischeren, lichteren Welten der Existenz zu gelangen. Es ist ein natürlicher Aspekt unserer individuellen Evolution.

Es ist nun an uns zu erkennen, dass auch der Tod ein freudvolles Ereignis sein kann, besonders dann, wenn er herbeigesehnt wird. Leider haben die meisten älteren Menschen das Gefühl dafür verloren, wenn sie gerufen werden. So erleiden sie Ängste und Qualen, anstatt in Würde und Liebe zu scheiden. Hier gibt es viel aufzuholen, zu lernen und geradezurücken, zu akzeptieren und zu transformieren.

Niemand hat das Recht, eine andere Seele festzuhalten, die beabsichtigt, in eine andere Ebene zu wechseln. Keine Maschinen, keine Ärzte und auch nicht die Angehörigen, die in dem Fall Opfer ihrer eigenen unverarbeiteten Emotionen sind.

Bis auf den heutigen Tag werden in den Naturvölkern schöne Feste gefeiert, um die Toten zu ehren oder sie durch die Sphären zu geleiten, damit sie ihren Weg finden mögen.

Es ist auch für uns an der Zeit zu erkennen, dass jede Seele selbst ihr Ableben bestimmt – in Freud oder Leid, am Tropf oder im heimischen Garten. Dafür braucht sie unsere liebevolle Unterstützung, damit sie sich lösen kann. In Wahrheit existiert sie doch ewig!

In der Gesellschaft ist „Tod" leider immer noch ein Tabuthema. Hoffen wir sehr, dass sich das zügig verändert. Es geschieht in dem Moment, in dem der Menschheit bewusst wird, dass viele weitere Räume außerhalb der materiellen Welt existieren. In dieses Bewusstsein dehnt sich die Menschheit gerade in großen Sprüngen aus.

Auflösung der astralen Ebenen

Seit einiger Zeit gehen die Verstorbenen nun nicht mehr in astrale Räume, sondern werden von den zahlreichen himmlischen Begleitern, die einzig und allein zu diesem Zweck in diese Sphäre gekommen sind, gleich in die Seelenwelten geführt.

Die Astralsphäre als vierdimensionale Welt, die ebenso zur dualen Wirklichkeit gehört, löst sich gleichermaßen auf wie ihr dreidimensionales Pendant.

Während des Übergangs der Menschheit in die fünfte Ebene (wir verbleiben nicht in der Vierten Dimension) werden sich nun alle Formen und Projektionen transformieren, die in der Spiegelwelt der Astralebene beheimatet sind (siehe Kapitel über das Dunkel). Daher erkennen immer mehr Menschen als je zuvor innere Bilder, die aus dieser Matrix aufsteigen – sowohl lichtvolle als auch dunkle.

Alle astralen Schichten wirken zusammen wie ein verwobenes, feinstoffliches Feld, das wiederum die Verbindung zur hohen Seelenebene hält. Und genau mit dieser Ebene verschmelzen wir mehr und mehr – jeder in seiner eigenen Geschwindigkeit. Seelen, die den Anschluss nun verpassen, haben nach 2012 wahrscheinlich kaum noch Wahlmöglichkeiten.

Durch Fühlen leben

Seit vielen Jahren ist zu beobachten, dass ein großer Teil der Menschen nicht mehr in der Lage ist, wirklich zu fühlen. Ja, sicher – Kalt und Warm, Schmerz oder Wohlbefinden schon. Doch hier geht es um viel mehr als um diese rein äußerlichen Empfindungen. Es geht darum, Dinge, Situationen, andere Menschen, Worte und eigene Themen zu fühlen.

Oft haben sich die Menschen aufgrund traumatischer Erfahrungen von ihren Emotionen getrennt. Andererseits sind die Sinne unter anderem auch durch die Wirkung der Geräusch-, Bilder- und Informationsfluten abgestumpft. Dazu kommen Vergiftungen aus Nahrung, Medikamenten, Luft, Kleidung, Chemikalien, Frequenzbelastungen oder geopathische Störzonen und weitere systemübergreifende Einflüsse, die eine große Rolle spielen.

Da diese Energien längst nicht mehr frei fließen können, entwickeln viele Seelen diesbezüglich Hyperreaktionen. Sie fühlen sich als Opfer der eigenen Emotionen, sind hypersensibel, empfindlich und übermäßig verletzlich. Dazu kommt, dass durch die Aufstiegsprozesse die Morphogenetischen Felder massiv in Bewegung gekommen sind und aufgrund der gelüfteten Frequenzschleier nun stürmische Fluten Empfindungen aller Art die Gefühlswelten der Menschen ungehindert durchziehen. All dies hat rein gar nichts mit geheiltem Fühlen zu tun, das viel eher ein mitfühlendes Wahrnehmen, ein Gewahrsein ist.

Im Zuge der Energieaktivitäten verschmilzt das Feld der Menschheit nun auch immer stärker mit allen geophysikalischen Vorgängen der Erde. Und wir spüren es in den Knochen, in den Blutbahnen, im Leib oder im Kopf. Einige sind in solchen Momenten vor lauter Schmerz nicht einmal mehr fähig, einen Löffel zu halten. Es sind Empathen, denen große Fähigkeiten innewohnen. Nur beherrschen sie ihre Potenziale noch nicht vollständig, und so leiden sie manchmal Höllenqualen. Trotz Einswerden ist es nämlich so, dass diesen Frauen und Männern für einen vorübergehenden Zeitraum sehr geholfen wäre, würden sie ihre Felder für einige Momente verschließen und zwecks Erholung etwas abschotten, bis sie so weit sind, den aufwallenden Vulkan selbsttätig zu beruhigen. Oft wissen sie nicht, wie die hochfrequenten Ströme zu handhaben sind und schwingen von einem Elend zum nächsten.

Wieder andere haben so große Angst vor ihren inneren Abgründen, dass sie erst gar nicht damit beginnen, ihr Sein zu ergründen. Sie flüchten lieber gleich in Sphären der Ablenkung wie Fernsehen, Kulturveranstaltungen, Sport, Reisen und viele andere Aktionen, nur um nicht bei sich selbst anzukommen.

Warum ist das so? Nun, die Abgründe der eigenen inneren Welt sind unbequem und dunkel. Die Wenigsten haben eine Ausbildung oder Kenntnisse des persönlichen wie des kollektiven Unbewussten. Sie konnten viele Prozesse, durch die wir längst hindurchgeflossen sind, nicht durchlaufen und keine Erfahrungen sammeln. Daher versinken sie nach wie vor tief im eigenen Leid, im Opferdasein, in Ängsten und Unvermögen, in Krankheit und Verzweiflung.

Genau jene hat der Verstand fest im Griff, da ihr Herz kaum Mitspracherecht bekommt. Sie können denselben nicht transformierend überwinden und in ihr bewusstes SEIN fließen. So sind sie in den Fängen des kleinen Geistes fest eingerastet, wollen immer weiter Erklärungen und Beweise und glauben nur das, was sie Schwarz auf Weiß sehen. Sie unterwerfen sich weiter dem Diktat der Logik und der Schulwissenschaft und bemühen ihren Intellekt, um ihre Probleme zu ergründen.

Ich sage nicht, dass der Verstand nicht gebraucht wird oder dass Intellektuelle fehl am Platz sind – im Gegenteil! Doch ohne Herzenskraft und Anerkennung von Allem-was-ist sind allen großen mentalen Fähigkeiten in diesen Zeiten enge Grenzen gesetzt.

Die Geistige Welt und unsere höhere Gruppenseele wachen dieses Mal sehr genau darüber, dass wir keinen zweiten atlantischen Untergang erleben. Dieser wurde damals durch die dunklen Priester mit Hilfe ihrer großen mentalen Kraft herbeigeführt, denen jegliche Verbindung zum Herzen abhanden gekommen war. Daher haben alle Seelen (und es waren sehr viele), die mit umfangreichen Kenntnissen und Wissen des Dunkels aufgrund vergangener Inkarnationsabsichten ausgestattet sind, ein riesiges Lichtteam an ihrer Seite, das erst dann aktiv wird, wenn sie in höhere Bewusstseinsräume eintauchen.

Das ist doch sehr beruhigend, oder?

Gefühlstrümmer stecken fest

Haben wir emotionale Zerwürfnisse – Gefühlstrümmer – in uns verschlossen, entstehen verzerrte Formen und Frequenzen, die die Menschen bis heute als Schleier in ihrem Feld tragen. Sie können dadurch nur in einer drastischen Begrenztheit leben. Könnten sie ihre Gefühle natürlich leben, würden auch die verzerrten Formen schrittweise transformiert werden. Sie schleudern – in Opferschaft und Unwissen eingenebelt – von einem Chaos ins andere, von einer Depression in die nächste Verzweiflung, und werfen sich selbst irgendwann der Dämonenschar (aller einschlägigen Fachrichtungen) „zum Fraß" vor.

In ihnen wird sich nur dann etwas bewegen, wenn ihnen der Zeitgeist entsprechende Chancen sendet, was jetzt zuhauf geschieht: Unfälle, schwere Krankheiten, Verluste, Zerwürfnisse, Enttäuschungen, Zusammenbrüche usw. Natürlich ist das Chaos!

Für diese Systeme ist jedoch sehr viel mehr Druck erforderlich, um die alten Verkrustungen aufzusprengen. Da reicht längst keine kleine Meditation oder eine kontemplative CD mehr aus, die vor Jahren vielleicht noch zum Erfolg geführt hätte. Das Tor der Zeit war damals noch nicht durchschrillen, und die zerstörerischen und erneuerbaren Energien waren lange nicht so krass wie JETZT. Es braucht keine Beweise hierfür – diese liefert das Leben täglich, wenn wir bereit sind, hinzusehen.

Die Verzerrungen zeigen sich besonders dann, wenn wir auf einen anderen Menschen mit ebensolchen Schatten oder, modern formuliert, „Themen" treffen. In diesem Moment docken wir im Handumdrehen an und rasten sehr schnell aus. Da ist sie schon zur Stelle – pünktlich und wie gerufen: die karmische Verstrickung. Hallelujah! Und nun? Ergießen sich die Wogen der blockierten Energien? Mag sein. Fühlen wir uns schlecht dabei, glauben wir: Das muss an „dem da" liegen. Natürlich tut es das nicht, denn dieses Wesen eilte uns in seelischer Absprache zu Hilfe, damit wir durch den entstehenden Konflikt des Rätsels Lösung hervorbringen konnten. Konnten wir die Wogen glätten, liegen wir uns dann vielleicht in den Armen und sind dankbar für die plötzliche Erlösung.

Konnte sich diese Blockade nicht öffnen, tragen wir die verzerrten und abnormen Energien weiterhin und warten auf eine neue Gelegenheit mit dem gleichen Szenario. Es folgen viele weitere Klappen und Drehmomente – vielfach über einen langen „Lebensfilm" hinweg. Bis wir uns dessen vollends bewusst werden, ist unser Leben fast zu Ende. Spätestens dann haben wir graue Haare, und die Enkel zwinkern uns mit blauen Engelsaugen zu und säuseln mit heller Stimme: „Opi, Omi, erleichtere dich doch jetzt und lass endlich los! Sieh, wir machen es dir vor! Wir heulen, wenn uns etwas schmerzt, und schreien, wenn uns etwas nicht passt. Wenn die Sonne scheint und die Vögel zwitschern, lachen und hüpfen wir, dass wir mit unserer unbändigen Freude auch alle anderen verknisterten Familienmitglieder anstecken. Und mit diesem rüttelnden und schüttelnden Lachen werden die Felder hochgedreht, und das Überflüssige fällt einfach heraus. Probier es doch aus!"

Genau das ist freies Fließen. Den Emotionen Ausdruck gewähren, OHNE sich von ihnen gefangen nehmen zu lassen.

Dem Chaos folgt Ordnung

Neben dem aufsteigenden Chaos gibt es allerdings ebenso eine Vielzahl geordneter Strukturen auf dieser Welt und auf unserer Erde, die unser System positiv beeinflussen. Formen beispielsweise dienen gut dazu, unser Wesen zu harmonisieren und es an seine natürliche Ordnung zu erinnern. Wie im ersten Band „Lichtkörpersymptome" ausführlicher beschrieben, ist die Natur zum Beispiel ein gigantisches Reservoir an Formen und diesbezüglich unsere größte Lehrerin.

Erinnern wir uns: Unsere Grundsubstanz ist Klang, Form und Farbe! All dies ist in der Natur zu finden.

Die göttliche Vielfalt hierin ist für uns Menschen das größte Geschenk auf Erden. Allein in der Verschmelzung mit reinen, natürlichen Qualitäten, in denen sich die Elemente spiegeln, können wir großartige Transformationen erfahren. Öffnen wir uns dieser Heilchance und nehmen endlich auf, was uns so lange schon abhanden gekommen ist: die höchste göttliche Ordnung. Sie spiegelt sich in jedem Blatt, in jedem Grashalm, in jedem Mooshügel und in jeder Blüte – aber auch in jedem Insekt, in jedem Schmetterling und in jedem Vogel. Wir finden sie sowohl in den Bergen, als auch in den Meeren. Alles, was wir jemals wirklich brauchen, ist bereits hier.

Es ist reinigend und in höchster Weise transformierend, wenn wir mit der Natur und ihrer Formenvielfalt verschmelzen, statt Abend für Abend den Grauensberichten der Medien zu folgen und deren Einschaltquoten zu erhöhen. (Ich meine nicht den Überblick über die Verfassung der Welt, den wir hier ebenso gewinnen können, sondern mehr die Anhaftung an das tägliche Programm und die Droge Fernsehen.)

Die Farbenpracht der Blütenmeere, das frische Grün saftiger Wiesen und Pflanzen, das Blau des Himmels und vor allem das rotgoldene Abendrot wirken wie eine verstärkte Frequenzwelle in dieser Zeit. Die Stimmen der Natur sind transformierend. Vögel, Waldrauschen, die Gischt des Meeres, das Brausen des Ozeans und, ja, die fröhlich plätschernde Quelle sind heilsam. In jeder Gegend der Welt gibt es dazu unsichtbare Helfer der planetaren Hierarchie, die uns zur Seite stehen. Aber dazu vielleicht mehr in einem meiner nächsten Bücher. (So lange der Verstand noch einigermaßen rund läuft, kann ich sie für dich/euch noch schreiben. Ist dieser dann erst in Quarantäne, gibt es vorübergehende Leerlaufzeiten, wie beschrieben. Diese bekommen wir hin und wieder von oben verordnet, damit die Neuverschaltungen nach Plan exakt eingepasst werden können.)

Musik aus dem Herzen ist ebenso eine weise und sanfte Heilerin. Es gibt viele Meister auf der Erde, die dieses Kapitel für sich erforscht haben und in jedem Genre großartige Werke erschaffen. Da spielt es längst keine Rolle mehr ob Rock oder Reggae, Rap oder Pop, Klassik oder Volksmusik. Herzmusik ist nicht zu verwechseln mit „Schmalz"-Musik. (☺) Dies sind nur wenige Beispiele, doch du kannst sie sofort nutzen. Dafür musst du dich nicht einmal aus deinem Zimmer bewegen, brauchst kaum Geld auszugeben und kannst trotzdem spirituell wachsen.

Herzweh und andere Symptome von Transformationsgrippe

Mich erwischte ES kalt von hinten, durch die Mitte sozusagen: Herzschmerzen, wie ich sie nun wirklich keinem anderen wünschen möchte. Gerade in dieser Nacht drückte mich ein Problem am hinteren Herzchakra derart heftig, dass ich das Gefühl hatte, gepfählt zu werden. Natürlich war mir klar, dass dies nicht irgendein Herzanfall oder ein Infarkt sein konnte. Es war wieder einmal eines der vielschichtigen Symptome von TRANSFORMATIONSGRIPPE, wie die Geistigen unsere leidigen Körpererscheinungen auf den Punkt brachten.

Ich lag nun die ganze Nacht wach, konnte nicht mehr einschlafen und wälzte mich aufgewühlt im Bett umher. Es war, als würden mit einem Mal alle alten Wunden explodieren, die mir jemals in dieser und anderen Inkarnationen beigebracht worden waren.

Wie – in Gottes Namen – konnte ich mir nun helfen? Hatte doch alles versagt, was mir bisher immer erfolgreich gedient hatte? Ich bedachte die Areale mit Energie, später mit intensiven Klopfmassagen und Akupressur, ich richtete mir die Wirbel wieder ein, dehnte, streckte mich, ruhte aus, trank viel, legte die Wärmflasche auf, nahm Homöopathie und Lichtmittel, legte Kristalle auf, um das Feld zu ordnen. Doch alles half dieses Mal leider nicht. Und so ließ ich mich darauf ein, hineinzuhören, was mich dieser Schmerz lehren wollte.

Ich lag also wach und hörte in die Stille, hörte hinein in meinen schier unerträglichen Schmerz. Denn ich wusste wohl:

Nichts erfahren wir umsonst in diesem Leben. Alles hat immer einen tieferen Sinn, einen oft unerkannten Grund. Ich rief die Erzengel, bat Raphael um seine smaragdgrüne Heilflamme, rief Saint Germain und bat um die violette Flamme der Transformation. Doch sie wollten es dieses Mal nicht für mich tun. Sie bedeuteten mir, dass ich selbst sehr wohl in der Lage wäre, diese Dinge für mich zu erlösen.

Und so bekam ich eine ganze Reihe interessanter Eingebungen von meiner geistigen Familie und energetische Hinweise, die nur so hereinflatterten und jede für sich ein kraftvolles Mittel waren, um die Energien wieder zum Fließen zu bringen. Ich verschmolz also zutiefst mit meinem Schmerz, damit er mich nicht mehr im Außen „bedrohen" konnte.

Der Schmerz verstärkte sich zusehends, und ich wusste, dass es eine positive Reaktion des Körpers auf meine Intervention war. Ich atmete und hielt mein Gewahrsein auf den Schmerz. Ich bezeichnete ihn nicht mehr, sondern nahm einfach wahr und ließ meine Liebe (so gut es im Augenblick ging) dort hineinfließen. Für lange Zeit, doch die Blockade hatte sich gerade manifestiert.

Dies zusammengenommen ist bereits eine effektive Art, mit jeglichen Symptomen umzugehen. Wenn uns der Geist einen anderen Weg zeigt, sollten wir ihm auch zuhören. Es gibt viele Wege, und wir entscheiden in jedem Moment selbst – aus unserer Intuition und unserem Empfinden heraus –, wie wir verfahren. Der Verstand ist nicht (immer) der geeignete Berater, sondern unsere innere Führung in Verbindung mit der Körperweisheit.

Ist eine Form zu erkennen?

Ich ließ mir den Schmerz als Form erscheinen und sah ein Bild von einer seltsam anmutenden amorphen Form mit Ecken und Spitzen. Ich widmete nun meine Aufmerksamkeit dieser Form und beobachtete sie, bis sie zerfloss.

Destruktive Frequenzmuster

Es wurde mir immer mehr bewusst, dass ich nun dabei war, verschiedene Ebenen des Schmerzes zu erforschen, um dies beschreiben zu können. Als sich der Schmerz öffnete, sah ich eine Menge verkorkster Energiemuster, die einfach so abflossen.

Schmerzenergien herausziehen

Später noch hielt ich alle Energien des Schmerzes in meinen Händen, zog sie wie einen Strudel fester Watte aus meinem Körper heraus und übergab sie dann der violetten Flamme.

Schmerzareal verflüssigen

Ich bekam weitere Intuitionen – der Schmerz wollte nämlich fließen, sich verflüssigen. Ich unterstützte geistig die Bilder, die erschienen, und alles plätscherte munter, bis es endlich aus dem hinteren Herzchakra abfließen konnte. Dann pulsierte flüssiges Licht durch meine gesamte Wirbelsäule, und ich sah, wie das Leuchten viele dunkle Brocken verschlang. Doch der Schmerz blieb. Es war gerade, als würde „ER" Gefallen an diesem interessanten Spiel finden.

Wie sieht Schmerz aus?

Ich begann, meinen Schmerz auf einer weiteren Wahrnehmungsebene zu fühlen. Was konnte ich in innerer Wahrnehmung empfinden? Ich spürte einen großen Eisklumpen. Dann fand sich ein Werkzeug in meiner Hand, mit dem ich nach allen Regeln der Kunst den Klumpen in immer kleinere Stücke zerstieß und zerhackte. Doch der Schmerz war da.

Implantate und der innere Film

Doch es fühlte sich jetzt an, als hätten sie mich gepfählt. Ich sah Bruchstücke von Bildern und erkannte Sequenzen aus einer vorangegangenen Inkarnation, in der ich mich an einem Pfahl durch meine Brust aufgespießt fand.

Später sah ich mehrere Dolche, die in mir steckten. Implantate und energetische Prägungen aus anderen Zeiten und Räumen hingen in meinem Feld fest und blockierten die Flüsse.

Wenn wir uns dieser Dinge gewahr werden, können wir sie handhaben. Das bedeutet: Wir haben die Macht – oder, treffender, die Ermächtigung –, sie herauszulösen.

Verbindung zur Quelle, die ICH BIN

Schließlich und endlich, als ich wirklich schon sehr geschafft war von den transformativen Höchstleistungen, aktivierte ich noch einmal meine Verbindung zur Quelle und ließ zu, dass sich das Licht durch meinen Kanal und weiter in meinen Körper ergoss. Ich verschmolz vollkommen. Alles Dunkel verzehrte sich nun wie von selbst in diesem Licht. Da erkannte ich plötzlich, dass ich den Schmerz immer noch als getrennt wahrnahm und verschmolz mit ihm in Liebe. Endlich – nach Stunden der nächtlichen Heilarbeit an mir – fiel ich völlig erledigt in einen tiefen Schlaf. Ich hatte wohl intensive Träume und Begegnungen in den Räumen. Doch am Morgen wusste ich nur noch eins: Der Schmerz, der mich Tage und Stunden gepeinigt hatte, den ich geliebt und gesegnet, transformiert, verflüssigt und umgeformt, zerquirlt und herausgezogen hatte, war WEG. Mein Gott, war das eine anstrengende Operation!

Hier für dich nun die Schmerzerlösung:

- *Bitte die geistige Familie, dir bei deiner Transformation beizustehen.*
- *Atme senkrecht und öffne dein Herz weit.*
- *Lade den Schmerz innerhalb deines Herztempels zu dir ein.*
- *Verschmilz nun mit deinem Schmerz und überwinde dabei jede Grenze, die du dir selbst innerlich erschaffen hast.*
- *Sei dir dabei sicher, dass du eins bist mit dem Gefühl, und das zu 100 Prozent.*
- *Nimm nun alle deine Bezeichnungen, Wertungen und Prägungen aus dem Schmerz heraus (zum Beispiel: Das ist wie..., es ist, weil..., es kommt von... usw.).*
- *Betrachte diese starke Energie eine Weile in Demut.*
- *Was will sie dir zeigen? Bekommst du eine Botschaft?*
- *Jetzt kannst du das Tor des Schmerzes passieren.*
- *Erkenne in diesem Moment:*
- *ICH BIN der Schmerz!*
- *ICH BIN das Heilsein!*
- *ICH BIN das Leiden und die Erlösung!*
- *ICH BIN die Demut und die Dankbarkeit!*
- *ICH BIN die Liebe und das Licht!*
- *ICH BIN die Gnade, die mir widerfährt!*

Du wirst feststellen, dass es zunächst stärker wird. Wenn ES so weit ist, wird es sich erlösen.

Du kannst nun in die Gefühle, die du spürst, hineintönen

und damit weiter die Frequenzen kalibrieren. Lass die Töne dazu frei fließen und steuere sie eben nicht mit dem Verstand, da sie so keine umfassende Kraft gewinnen. Dein Herz mag dich dabei führen, und so entspringt der Ton oder Laut deinem Bewusstsein. Laute und Töne sind Werkzeuge der Transformation und Heilung!

♥♥♥

Loslassen bedeutet Integrieren

Wie oft haben wir die Aussage in diesem oder jenem Seminar gehört, wir mögen eine Sache oder einen Glaubenssatz doch bitte „loslassen". Viele Jahre (so langsam verging die Zeit früher...) übten wir dieses Loslassen mit mehr oder weniger Erfolg, unterwies uns doch jeder der entsprechenden Therapeuten, Seminarleiter, Gurus in seiner ganz eigenen Methode. Zum Schluss waren wir alle gänzlich verwirrt, und es wurde noch schlimmer. Nun erfanden sie ganze Wochenendseminare zum Thema „Loslassen" nach ausgeklügelten psychologischen Konzepten und Vorgehensweisen oder mit tollen magischen Beschwörungsformeln.

Und so gibt es bis jetzt viele unterschiedliche Meinungen und Erfahrungen über den „Prozess des Loslassens", bis endlich ein dicker Strich unter all die Erfahrungsketten und Verstandeskonzepte gezogen wurde. Mit der Erkenntnis: Loslassen ist Annehmen! Dabei ist es nun Gott sei Dank geblieben.

Wie können wir das Ungeliebte, Hässliche, Gemeine, Schmerzhafte, Leidvolle, Krankhafte, Verwerfliche denn annehmen? Das ist doch die schwerste Sache der Welt, oder? Weil es so wichtig ist, gebe ich hier noch einmal eine erweiterte Übersicht:

1. **Wir wissen, dass Licht und Dunkel in Wahrheit aus der bedingungslosen Liebe des EINEN hervorgegangen sind.**
   Alles-was-ist ist gleichzusetzen mit GOTT. Und wir gehören dazu. Also sind wir gleichermaßen ein Teil des Einen und daher EINS mit Allem-was-ist.

2. **Wenn wir EINS sind mit Allem-was-ist, bedeutet das: Wir sind auch EINS mit allen Ursachen und Wirkungen auf allen Ebenen.**

Insofern brauchen wir niemals die Schuld bei anderen (oder uns selbst) zu suchen und nichts zu verurteilen (auch nicht uns selbst). Wir dürfen erkennen, dass jede Lösung und jede Qualität des anderen Pols (Krank und Heil, Arm und Reich, Dunkel und Licht usw.) bereits in uns sind, wenn wir unser Herz (= unpolar) öffnen. NUR hier verschmelzen wir beide Pole miteinander, und so geschieht Transformation!

Mit dieser Erkenntnis können wir die Dinge, die uns in die Opferhaltung gezwungen haben, nun besser handhaben, und dem Verstand bleibt keine Ausflucht mehr.

Es ist klar, dass es dazu einiger Übung und (Selbst-) Initiation bedarf!

3. **Wir löschen unsere Wertungen und Projektionen von Dingen.**

Nur durch unsere Bewertungen und Bezeichnungen (schlimmer noch Urteile) legen wir die Art der Energie fest. DAS IST EIN SCHÖPFUNGSAKT!

Das Universum ist Energie. Jeder Gedanke, jede Emotion, jeder Schmerz, jedes Problem und jede Krankheit besteht aus einer spezifischen Frequenzanhäufung und somit vielleicht aus „destruktiver" (ungeordneter) oder harmonischer (geordneter) Energie.

Wer legt das fest?
ICH BIN legt ES fest!
ICH BIN (= Schöpfer) **ES** (= Energie) **fest** (= Materie).
Erinnere dich an diesen Zusammenhang!

Geben wir unsere Schöpfermacht ab, legt es derjenige fest, an den wir sie abtreten.

Könnt ihr nun sehen, warum Diagnosen eine solch durchschlagende Kraft haben?

Haben wir alles freigelegt, bleibt schließlich nur „reine" Energie ohne Prägungen übrig, die wir dann sehr leicht integrieren können.

Geist herrscht über Materie!

4. Diese Energie können wir tief fühlen und liebevoll in unser Herz nehmen.

Durch den Akt des Annehmens im Herzen ist die Energie in uns und nicht mehr irgendwo im (vermeintlichen) Außen zu finden. Jetzt bedarf es noch unserer Liebe, und wir sind wieder EINS mit dem Problem – und auch der Lösung.

Wo ist das Problem nun hin?

Wir haben es frisch transformiert und es als frei fließende Energie in unseren erweiterten Bewusstseinsraum eingefügt. Diese baut sich nun in unser Feld ein, und die Informationen der erfolgreichen Wandlung gehen außerdem über die Morphogenetik in das Feld der Menschheit.

Hat sich der Schöpfer das nicht genial ausgedacht?

Gedanken leeren

Wir sind es gewohnt, immerfort Gedanken, Gedanken und wieder Gedanken durch uns ziehen zu lassen. Wird es einmal still in uns, fühlen wir uns meistens mulmig, und uns beschleicht das Gefühl, nicht in Ordnung zu sein.

Gedankenfreiheit ist jedoch die einzige Möglichkeit, unsere innere Stimme zum Sprechen zu bringen. Stellt euch allein die vielen Bilder und Sequenzen vor, die das gelebte Leben tagein, tagaus hinerlässt. Alles ist auf unserer Hirn-Festplatte aufgezeichnet. Meistens sind diese Speicher hoffnungslos überfüllt, und es kommt zu Kurzschlüssen, Überlagerungen und Aussetzern. Was liegt also näher, als unseren Kopf einmal kräftig zu entleeren und alles ziehen zu lassen, was wir jetzt und hier nicht mehr benötigen? Haben wir es doch alle einmal bitternötig, Klarheit zu erlangen und in den vielschichtigen Gedankensalat eine neue Ordnung einziehen zu lassen.

Die folgende kleine Übung, öfter ausgeführt, hilft dir, deine Gedankenflüsse zu reinigen und zu klären und Freiräume zu generieren, in denen sich neue, schöpferische Ideen entfalten.

- *Lass nun die Welt da draußen sein, wie sie ist.*
- *Entspanne dich und mache es dir bequem.*
- *Sorge dafür, dass du nicht gestört wirst.*
- *Atme durch deinen Kanal entlang der Wirbelsäule.*
- *Verbinde dich mit den beiden Quellpunkten Kosmos und Erde.*
- *Lass den Atem weich fließen und fokussiere dich auf dein Herz.*

- *Betritt deinen Herzlichtraum und fühle einen Moment die Stille.*
- *Verharre hier eine Weile, und wenn du das Gefühl hast, gut in dir selbst angekommen zu sein, dann verbinde dich von hier aus mit deiner Steuerzentrale, dem Kopf.*
- *Lade jetzt das Hirn in dein Herz ein und fühle, was mit dir geschieht.*
- *Bleib mit all deinen Gedanken, Bildern und Visionen im Herzen.*
- *Lass sie eine Weile blubbern und rotieren.*
- *Warte auf den Zeitpunkt, an dem alles ein wenig ruhiger wird.*
- *Jetzt öffne deinen Kopf (im Herzen) nach allen Seiten und lass alles abfließen, was du zu diesem Zeitpunkt nicht mehr benötigst.*
- *Genieße es, wenn es immer ruhiger und leerer in dir wird.*
- *Deine kosmische Verankerung blieb während der Übung bestehen, und so kannst du dich jetzt darauf besinnen, das Licht direkt aus der Quelle in die Areale deiner Gedanken fließen zu lassen.*
- *Lass das reinigende Licht in dich hinein und durch alle Hirnwindungen strömen.*
- *Wenn der Druck größer wird, war die Übung erfolgreich.*
- *Erde alle Energien und beende die Übung.*

Lass dir Zeit, ins Hier und Jetzt zurückzukommen, und nimm wahr, wie sich dein Kopf und dein Denken anfühlen. Es kann sein, dass du einen Druck oder eine Ausdehnung spürst.

Du kannst zur Stufe II übergehen, die du gleich an die Meditationsübung anschließen kannst:

Hemisphärensynchronisation

- *Halte den Fokus weiter auf das Licht und deine Herz-Kopf-Verbindung.*
- *Nun fühle den Schnittpunkt zwischen dem Mittelpunkt der Augenbrauen und der Verbindung der beiden oberen Punkte über den Ohren = Zirbeldrüse.*
- *Ruhe in diesem Punkt.*
- *Halte deine Aufmerksamkeit nun auf beiden Hemisphären gleichzeitig.*
- *Fühle eine Weile nichts anderes als deine beiden Hirnhälften.*
- *Lass die Verschmelzung in EINS zu.*

Diese intensive Übung kannst du ohne viel Aufwand auch zwischendurch ausführen. Mitunter fällt dir auf, dass du eher Informationen bekommst, sie besser vernetzen kannst und über eine verstärkte Intuition verfügst.

Die Hemisphären können wir auch mit unseren Handchakren selbst aktivieren. Wirkungsvoller ist es jedoch, es von einem Menschen, der Kanal für Energien ist, durchführen zu lassen.

Die indischen Yogis kannten diese Methode schon seit Hunderten von Jahren, und sie wurde als „göttliche Gnade" überliefert, auch bekannt als *Oneness blessing* oder *Deeksha*. Wenn du einen Deekshageber in deiner Nähe findest, kannst du auch an seinen abendlichen Energiekreisen hin und wieder teilnehmen. Gerade am Anfang deiner Bewusstseinsschulung können sich dadurch weitere Tore öffnen und blockierte Windungen auflösen. Seit ich diese Methode kennengelernt habe, ist der Hemisphärenausgleich einer meiner wichtigsten Aktionen innerhalb der Heilarbeit mit Klienten. Außer der Synchronisation trägt dies dazu bei, die Zirbeldrüse anzuregen, die Gedanken zu beruhigen und durchaus auch positive Wirkungen auf emotionaler Ebene zu erzielen. Allein durch die Hemisphärenbalance kommen Menschen öfter aus ihren seelischen Tiefs und sind vitaler sowie emotional ausgeglichener. Dazu müssen wir keine Deeksha Eingeweihte mehr sein, denn die Energien fließen längst in den Frequenzen früherer Initiationen. Dennoch dürfen wir dafür sorgen, dass der Kanal regelmäßig gut geflutet ist, weil so die Energie in hoher Amplitude hindurchströmt.

Dem Hemisphärenausgleich sollten wir einen hohen Stellenwert beimessen, gleichgültig, ob wir ihn durch Meditation, Energieübertragung oder Selbstbehandlung erzielen. Gerade Kinder und Jugendliche reagieren darauf sehr positiv, was sich besonders in der Verbesserung ihrer schulischen Leistungen (nach durchgestandenem Prozess) zeigen kann. Mütter berichten mir häufig, dass ihre Kinder danach viel ruhiger und ausgeglichener sind.

Nun, wann werden die Stellen für Bio-Energetiker an jeder Schule geschaffen – staatlich finanziert! –, damit Kinder wie Lehrer durch entsprechende Interventionen wieder harmonisch und angstfrei leben und handeln? Schließlich sind die Kinder unser wertvollstes Gut. Dieser Mensch hätte Hände voll zu tun! Er/sie könnte Meditationen anleiten, Energieübungen demonstrieren, Seelenverbindungen herstellen, das richtige Atmen lehren sowie Prüfungs- und andere Ängste transformieren helfen. Er/sie könnte die Kinder und Jugendlichen als Vorbild wieder mehr mit Mutter Natur verquicken und ihnen wahre Werte ver-

mitteln, die für das Leben eine grundlegende Bedeutung haben – und so schließlich für eine höhere Balance und Ordnung
an jeder Schule sorgen. Eine Option wäre hier, das Fach Ethik
kurzerhand in Bio-Energetik umzuwandeln, was großartige Ent-
wicklungsmöglichkeiten für Kinder und Jugendliche eröffnen
könnte. ( )

Die Wogen der Veränderung werden auch hier nicht halt
machen und alle Strukturen unser dreidimensionalen Illusion
durch den Vollwaschgang jagen.

♥♥♥

Dein Körper ist Liebe – erinnere dich

Als die Pharisäer fragten: „Meister, welches ist das höchste Gebot im Gesetz?", antwortete ihnen Jesus: „Du sollst den Herrn, deinen Gott, lieben von ganzem Herzen, von ganzer Seele und von ganzem Gemüt. Dies ist das höchste und größte Gebot. Das andere aber ist dem gleich: „Du sollst deinen Nächsten lieben wie dich selbst!"

(Aus dem Gesetz der Thora, 5 Bücher Mose)

Christus fließt mit uns in diesem Text, und ich liebe ihn sehr. Während ich dies schreibe, beginnen meine Hände zu zittern, und ich muss das „alte" Kapitel neu schreiben – dabei habe ich einen Abgabetermin! Doch was stört das die Geistige Welt? Sie legt keine Termine fest, sie definiert keine Zeiträume, das machen nur wir Menschen.

Schau in deine Welt! Lieben sich die Menschen darin? Ich kann es von „meiner" Welt nicht bestätigen. Hier haben wir gemeinschaftlich erfahren, dass die Gebote Christi völlig anders ausgelegt wurden.

Christus: Die „Gebote" sind ein Liebesdienst für die Menschheit. Als solche ist der Ausdruck „Gebot" völlig ungerechtfertigt. Es sind Maxime, die Christus aus seinem liebenden Herzen teilte. Seine Worte flossen seitdem durch viele Köpfe und tragen bis heute die Aufprägungen dieser Seelen.

„Wenn der Moment gekommen ist, an dem die Menschheit durch das goldene Lichttor schreitet, das ich längst geöffnet habe, dann werden diese Gebote in ihrer Reinheit und Liebe erstrahlen und den Menschen genau dafür dienen, wofür sie entstanden sind: als Schlüssel für den individuellen Ausdruck der göttlichen Liebe auf Erden.

Alles ist vollkommen. Denn unter dem Schein keimt längst die Christussaat, die ich ausbrachte und die sich durch die Wirren des Dunkels auf Erden den Weg ins Licht bahnte."

Vollende das folgende Symbol intuitiv.

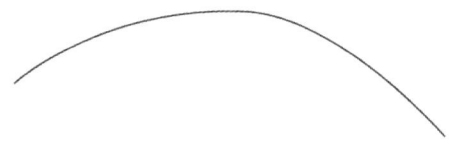

Am Ende des Buches kannst du die Auflösung finden. Aber nicht vorher nachsehen.

Lehrte die Kirche die Menschen in den vergangenen Jahrhunderten die Macht, sich selbst zu lieben? Wie wir uns erinnern, nicht. Bis auf den heutigen Tag wird in den Gotteshäusern (die zu Zentren des Macht-, weniger des Liebesausdrucks wurden) das „Dogma" des Christentums und die bedingungslose Unterwerfung gepredigt. Jeder Gläubige darf zum Papst aufschauen – des Stellvertreters Christi auf Erden(?) Und ja, zu einem Gott fernab unserer Welt.

Nun laufen den Kirchen die Glaubensbrüder und -schwestern scharenweise davon. (Austritte zirka eine viertel Million jährlich allein aus der römisch-katholischen Glaubensgemeinde (Quelle:

religionswissenschaftlicher Medien- und Informationsdienst). Und es werden täglich mehr. Demnach wird vielen Millionen Kirchenmitgliedern erst jetzt bewusst, dass sie dort nicht finden können, was sie suchen. Bleibt die Frage: WAS genau suchen sie? Den GOTT, den die Kirche ihnen erklärt hat? Mitnichten. Selbst wenn es uns Menschen nicht bewusst war, wir haben immer nach dem Gott gesucht, der in uns wohnt und der als „ICH BIN" unauslöschlich mit jedem Aspekt unseres Seins verwoben ist.

Es steht in der Bibel: „Gott ist die Liebe, und wer in der Liebe bleibt, bleibt in Gott, und Gott bleibt in ihm. Darin ist unter uns die Liebe vollendet..."

(Der erste Brief des Johannes, 4)

(Ich bin kein Prediger, kein Student der kirchlichen Lehre und keineswegs bibelfest, und es sind k(l)eine „Zufälle", die mich dazu bewogen haben, diese Beispiele zu nennen).

Natürlich bedeuten diese Worte, dass es in all den Jahrhunderten immer nur um unsere Herzöffnung ging, ganz abgesehen von der Auslegung dieser Gebote! Es heißt doch nichts anderes, als dass einzig die Liebe (...wie das Fischlein im Wasser, nicht wie die klebrige Qualle... ☺) in der Lage ist, uns freien Zutritt zum Gottesuniversum zu gewähren. Das ist in den Kirchen, mögen sie auch noch so goldSCHEINEND sein, nicht zu finden. Denn der Liebe können wir uns nur von Herzen öffnen.

Spüren wir in unser Herzzentrum und fragen nach: Liebe ich mich vollkommen? Nehme ich auch all das liebevoll an, was ich in dreidimensionaler Realität sehe, greife und fühle? Oder flüchten wir uns doch gerne in „höhere Welten", um nicht so hart und direkt mit den unliebsamen Lebensthemen konfrontiert zu werden? Flüchten wir uns in die Bereiche und Probleme anderer, nur um uns nicht mit den eigenen, ungeliebten Gefühlen auseinandersetzen zu müssen? Wie tief lieben wir uns dafür, dass wir so sind, wie wir sind? Klemmt es hier, kann auch das Herz nicht unbedingt vor bedingungsloser Liebe übersprudeln.

Wie stark ist nun unsere Nächstenliebe, wenn wir an die „Knöpfedrücker" in der Familie denken, an unsere lieben Nachbarn oder die Verwandtschaft, den Chef, das Arbeitsteam – und ja, auch an manchen spirituellen Kollegen? Spüren wir da tatsächlich, dass unser Herz aufgeht? Nein – leider nicht. Ich spüre es noch nicht vollkommen, das gebe ich gerne zu. Ich bin – genau wie DU – ein Stück weit angekommen...

Ich möchte mich nicht oben hinstellen und behaupten: Das habe ich schon vor Jahren hinter mir gelassen! Täglich empfange ich mutig die anbrausenden Ströme der Herausforderungen und spüre still hinein – obwohl mein brausendes Leben direkt parallel nebenher läuft. Und das sind einige! (Sie werden diffiziler und damit schwerer zu durchschauen.

Also, woran liegt es, dass wir alle diese Menschen zwar immer mehr, jedoch längst nicht hundertprozentig lieben können? Vielleicht können wir die Liebe „nur in diesem einen Fall" nicht so recht aufbringen? Warum meinen wir manchmal, dass wir nicht genug Liebe in uns tragen? Na? Hast du deine Antwort darauf?

Lange Zeit glaubte ich – wie viele andere –, ich bekäme selbst nicht genug davon, denn ich erwartete diese Liebe immer von außen. Von meiner Familie, meiner Tochter, von Freunden,

Seminarteilnehmern oder Klienten ... hm, vielleicht auch von der Gesellschaft. (☺) Eine schreiende MANGEL-Situation also, in deren Fänge ich oft geriet. Selbst heute verheddere ich mich ab und an darin, wenn ich mir dessen nicht bewusst bin.

Der Mangel liegt uns aus Gewohnheit näher als die Erfüllung. Der Schmerz liegt uns – aus Gewohnheit – näher als die Wonne. Und so ist uns die Angst, keine Liebe zu bekommen, immer näher gewesen als das Vertrauen, in der Liebe zu SEIN. Erkennst du, worauf ES hinaus will?

Nun, das heilige Tor, durch das in jeder Sekunde unseres Lebens unermesslich die bedingungslose Liebe sprudelt, befindet sich in unserem Herzen. Mitunter will es sich nicht so recht öffnen, weil wir viel Unrat davor angehäuft haben. Doch es ist der Zeitpunkt gekommen, dieses heilige TOR freizumachen. Bevor wir nicht endgültig begriffen haben, wie es läuft, ist es anstrengend. Nach so vielen Jahrhunderten der Dunkelheit, in denen wir mehr oder weniger gut darin geübt waren, unser Herz immer wieder zu verschließen, dürfen wir nun lernen, es täglich mehrfach zu öffnen.

Klar, es gibt liebe Seelen, die Angst haben, in ihre Abgründe zu schauen. Manchen ist auch die Mühe zu groß, da sie sich dem ganzen dunklen Ballast nicht gewachsen fühlen. Doch nie zuvor war die Hilfe des Christus (der Christusmatrix) und der geistigen Hierarchie so spürbar wie jetzt! Wenn wir uns entschließen, den Weg durch die Mitte zu nehmen und uns mutig und ohne Umschweife diesem Prozess hinzugeben, bekommen wir all den Reichtum, all die Heilung, all das Glück, das wir uns je ersehnt haben! SO IST ES!

Weshalb ich diese Behauptung aufstelle?

Ganz einfach: ICH BIN EINS mit Allem-was-ist, also bist du es auch. Und ich erfahre längst, wie sich mein inneres Universum immer weiter öffnet. Manchmal erfüllt ES sich so magisch, dass ich den Dingen, die da „real" vor mir greifbar sind, fast nicht traue. Nun, dann darf ich mir den geistigen Staub aus den Augen wischen, um zu erkennen:

Jede Ebene ist ein Segment des Großen Ganzen!

An dieser Stelle tritt Christus auch in unsere Sphäre. Öffne dich weit, denn er wird dir helfen, diese Fragen für dich zu klären und dich führen, damit du dort ankommst, wohin du dich ausdehnen möchtest.

♥♥♥

Kapitel III

Neue Energietechniken

Erde deine göttliche Blaupause

Da wir in Wahrheit nie aufgehört haben zu SEIN, dürfen wir uns täglich bewusst machen, dass das eine unumstößliche Tatsache ist. Unser Sein ist unfassbar und unendlich. Es gliedert sich in weitaus höhere Ebenen auf, als wir unserem Verstand glaubhaft vermitteln können.

Wie die Darstellung der verschiedenen Aurakörper im nächsten Kapitel zeigt, gibt es sehr hohe Seinsebenen, durch die wir unsere Göttlichkeit erfahren können. Aus einer übergeordneten Sichtweise heraus hat also nicht (ein außenstehender) GOTT unser SEIN kreiert und uns auf der Erde einfach mal so abgesetzt, sondern wir waren es selbst, das heißt, unser göttliches Sein.

Wenn wir also schon so genial waren, uns in verschiedenen Ebenen mit vielfach verstreuten Aspekten zu erschaffen, wieso meinen wir dann, den Bauplan hierzu verloren zu haben? Diese göttliche Schablone, nach der wir uns innerhalb der Quellmatrix erschaffen haben, existiert!

Stellen wir uns zunächst einmal vor, dass es möglich ist, die Verbindung mit den höheren Aspekten wieder herzustellen. Auf diesen Ebenen verlangt der Verschmelzungsprozess mehr Erfahrung, mehr Integration, vollkommene Hingabe und ein befreites Fließen. Unsere göttliche Ebene hat es so eingerichtet, dass wir immer dann in die Ausdehnungen kommen, wenn wir unsere Lektionen gemeistert, die Barrieren überwunden und die dichten Energien zu uns zurückgezogen haben, um sie im Herzen zu wandeln. Das göttliche Sein können wir vielleicht als eine Matrix annehmen, in der sich alle Ebenen und abgetrennten Seinsaspekte, kurz: ALL-ES, was wir sind, zu einem Großen Ganzen fügen. Das ist sehr linear erklärt, da Worte diese Ebene nicht beschreiben können. Diese göttliche Matrix ist von reinstem Licht und höchster Qualität.

Unter den gegebenen Voraussetzungen in unserer materiellen Ebene würde es (vorerst) niemand überleben, zu 100 Prozent in diese Sphäre einzugehen. Daher hat unser göttliches Sein die Lichtstufen eingebaut, auf denen wir uns Schritt für Schritt (und manchmal auch von Fall zu Fall) weiterbewegen können. Wir dürfen also in erster Linie darauf vertrauen, dass unser Höheres Selbst diese Prozesse wohl überwacht.

Für diese Rückverbindung beugen wir uns vorausschauend den Gesetzmäßigkeiten der höheren Ebene. Erst von ganz unten kann es sich wieder aufschwingen. Das bedeutet: Wir bringen unsere Energien in Fluss, nehmen täglich neue Herausforderungen und Wandlungen an, ohne weitere Widerstände (die NEINs) aufzubauen. Dazu bedarf es als Nächstes einer mutigen Selbstanalyse. Im Resultat des Erkennungsprozesses nehmen wir genau das an, was wir dort vorfinden – ohne Wenn und Aber.

Doch, oh je ..., wir holpern und stolpern die Spirale weiter abwärts? Genau! Bis wir endlich am Tiefpunkt (Abstieg) angekommen sind. Was wir hier sollen? Hier sind wir nur aus einem Grund: Um zu erkennen, dass es von hier aus NUR nach oben geht! Nein, das konnten wir uns leider nicht ersparen. Weil unsere Wahl hieß: Ich will es erfahren dürfen! Erst an diesem Ort werden die nächsten Programmpunkte offengelegt.

Und noch einmal: Erst wenn wir GANZ UNTEN angekommen sind (*keine halben Sachen*, flüstert Monsieur)!

Jetzt müsste deine Frage, liebe Leserin, lieber Leser, endlich lauten: WIE komme ich da am schnellsten hin? Ja! Das ist trefflich! (Saint Germain schaut mir immer mal über die Schulter, ich spüre es an seinem vorwitzigen Einreden ... es fließt alles zusammen.)

Am schnellsten kommst du an, indem du dich DEINEM SCHICKSAL ERGIBST! Das ist das große Geheimnis. Nicht kämpfen, nicht ablehnen, nicht aufbegehren, nicht schäumen, nicht jammern und klagen. Verfluche dein Schicksal nicht länger, denn du schiebst mit jeder dieser Emotionen einen dicken eisernen Riegel vor deine nächste Tür, denn es sind verengende Energien. Sie lassen dich höchstens weiter röcheln, stolpern und straucheln.

Ich möchte ein typisches Beispiel aufführen, wie das praktisch aussehen kann (aus eigener Erfahrung), denn viele sind noch gar nicht in den „Genuss" des Leides (hm) gekommen. Ja, ich weiß, du gehörst ausnahmsweise nicht zu ihnen. (☺)

Eines hellen Tages entscheidest du, auf ein intensives Seminar zu gehen, da du den Anschluss halten willst und musst. Dort ist es sehr spannend, du lernst neue Leute kennen, kannst neues Wissen für dich öffnen, die Energien fließen auch bestens usw. Wenige Tage später bekommst du plötzlich eine ganze Reihe körperlicher Schwierigkeiten. Dein Ego meint natürlich sofort: Das Seminar hat mir überhaupt nicht gutgetan (gelinde formuliert). Der Kopf drückt, das Herz sticht, die Luft bleibt weg, der Kreislauf spinnt, und du nimmst auch noch wie verrückt zu. Zusätzlich hast du Schwierigkeiten auf der Arbeit, wirst gemobbt und von deiner Familie für deine Naivität (dorthin zu gehen) vielleicht gefoppt, deine „alten" Freunde belächeln dich mitleidig, und deine neuen (spirituellen) Wegbegleiter deuten so manche düstere Woge obendrauf.

Du verlierst immer mehr den Boden unter den Füßen... Nein, hier hilft dir auch keine kristalline, dynamische oder sonstige Erdung mehr, vergiss es! Atmen tust du schließlich, egal, ob du noch kannst.

Kennt das noch jemand?

Das ist der klassische Abstieg. Du warst also noch nicht wirklich unten, gleichgültig, WAS DU ALLES SCHON MITGEMACHT HAST in diesem Leben. Denn gelebt hattest du/wir zu diesem Zeitpunkt auch nicht wirklich. (Ich spreche aus Erfahrung!)

Bist du vielleicht gerade wieder einmal an diesem Punkt? Schau, du bist hier, und ich umarme dich in diesem Moment, liebe Seele. Ich lasse alle meine mütterlichen Energien der Liebe (Maria), des Mitgefühls und der Geborgenheit in diesen gemeinsamen Raum fließen. Denn ich kann dich so gut verstehen!

ATME ein und aus und nimm wahr, was hier ist. Wenn du bereit bist, machen wir weiter.

Also bist du an diesem besagten Tiefpunkt angelangt. Du weißt nicht mehr ein noch aus, siehst weder ein Ziel noch das Ende deiner misslichen Lage – bist also im sogenannten JAMMERTAL (ich finde diesen Ausdruck wirklich passend).

Was nun? Was tun?

Meine Antwort ist: NICHTS! TUE bewusst nichts. Doch gestehe dir ein, dich immer wieder zu öffnen, damit die dunklen Ströme aus den Katakomben des Unterbewusstseins nun endlich frei fließen dürfen. Vertraue, es geht vorbei! Und je stiller du hältst, desto schneller geschieht ES.

Es ist eine Prüfung für dich und eine große GNADE. Denn Schmerz ist das TOR, durch das du kommen musst, wenn du dich wieder aufschwingen willst. An dieser Stelle hältst du dich sozusagen selbst in stillem Gebet, denn mehr geht dann wahrscheinlich sowieso nicht.

Danke dir im tiefen Respekt vor der Wahl deiner Seele, danke dem großen Geist, der dich bis hierher geführt hat, danke den Seelen, die es fertiggebracht haben, diese Tore mit dir zu öffnen. Setzt du jetzt noch eine Welle obendrauf, hast du es im Handumdrehen geschafft und fühlst dich befreit.

Das ist der rasche Weg durch das Dickicht unserer Hinterlassenschaften. Schneller geht es wirklich nicht. Doch du darfst auch erkennen, dass das, wofür du nun vielleicht einige Tage oder wenige Wochen brauchst, in früheren Zeitaltern mehrere Inkarnationen gedauert hat. DAS ist die Gnade!

Haben wir diese Räume durchwandert und unsere Felder einigermaßen durchackert, anschließend geklärt und bereinigt, kommen die nächsten Schritte: unsere Beziehung zur Familie, zu anderen Menschen, unsere Verbindung zum Umfeld. Je stärker wir auch im Hinblick hierauf die Widerstände, Ablehnungen und ferner alle NEINS in Bewegung bringen, desto eher schaffen wir die Voraussetzung für den Anschluss an die höhere Seinsebene.

Bleibt noch, dass wir die erweiterten Schwingungszustände erfolgreich in die niederen Körper integrieren. Das bedeutet: Schwingung kann sich nur in dem Ordnungsgrad einnisten, für den wir die Voraussetzungen geschaffen haben.

> **Loslassen von Abhängigkeiten und Gewohnheiten** auf der physischen Ebene (Ernährungsgewohnheiten, Trägheiten, Süchte usw.)
> **Loslassen der alten Gefühle und Muster** auf der emotionalen Ebene (Baustellen sichten, beräumen und Müllabfuhr regeln).
> **Klärung und Bereinigung der Überzeugungen,** verkorkste Lehren und Glaubenssätze, Bilder und Muster auf der mentalen Ebene (Freestyle), schreiben bis zur Leere, TV-Abstinenz, alles, woran der kleine Geist so gerne glauben möchte (teils aus Bequemlichkeit) hinterfragen und abklopfen, ob es dem jetzigen Bewusstsein standhält.

Du hast die Seelentore weit aufgerissen, das Vermächtnis deines Herztempels erkannt und genutzt und dein Fühlen geöffnet. Das geht manchmal in wenigen Tagen...

IST ES Gnade?

Hast du das alles hinter dich gebracht, bist du vorerst durch und hast deine Blaupause ein Stück weit geerdet. Das bedeutet, die neue göttliche Matrix kann sich nun Zug um Zug in dir ausdehnen.

♥♥♥

Das Ur-Design

Die göttliche Blaupause, unser Bauplan oder Ur-Design, enthält die vollständigen und detailgenauen Konstruktionsanweisungen, die der Urschöpfer für das komplexe und vollkommene System Mensch erschaffen hat. Es ist gleichzeitig das göttliche Potenzial unserer Seele, das niemals aufhörte zu existieren. Das Schema diente uns nur nicht auf dem Weg des Abstiegs in die tieferen Dimensionen. Der Plan war, es eine ganze Weile auf Eis zu legen, um es für einen bestimmten Zeitpunkt zu bewahren – für den Moment, an dem wir reif sein würden, aus einer höheren Perspektive auf das Große Ganze zu schauen. Dieser Zeitpunkt ist mit unserem Aufstieg gekommen – JETZT!

In diesem Bewusstsein ist unser Körper längst vollkommen: heil, schön, jung und kraftvoll. Und wir können jetzt die vollkommene Matrix unseres Selbst wieder aktivieren. Dafür sind die Energien auf der Erde intensiv genug. Allein mit unserer ausgerichteten Bewusstseinskraft können wir das energetische Doppel aus dem Geistraum des Höheren Selbst bis in die physische Ebene herunterladen.

Das hört sich leichter an als getan, meinst du?

Es ist wirklich ganz leicht! Ja, auch unser Verstand will wachsen und möchte hin und wieder die eine oder andere Erklärung. Sonst bockt er und macht sich eng. Dabei sind wir Tag und Nacht mit nichts anderem beschäftigt, als unser Ur-Design wieder zu aktivieren. Das erfordert der Zeitgeist, mit dem unsere hohe Seelenebene in ständigem Austausch ist. Tagsüber absorbieren wir mit den Lichtstrahlen der Sonne sowie durch den bewussten Atem sehr viele Informationen, die uns die nötigen Dekodierungen geben. Nachts geschieht die geistige und körperliche Metamorphose, weil wir aktiv mit unserer hohen Seele verschmelzen und der Körper in seliger Ruhe alle Umbauprozesse ohne Ablenkung vornehmen kann. Die Blockaden werden durch die hohe Lichtkraft herausgespült, und dadurch kann es vorkommen, dass du am Morgen manchmal in Katerstimmung aufwachst, obwohl es immer genau DEIN TAG ist.

Und wieder kommt der Symptomstress: Heute Kopfschmerzen, morgen Herzattacken, übermorgen bleierne Beine und wer weiß was noch. Jetzt öffnen sich die Speicher der Zellen in Gewebe und Blutbahnen, im Knochengerüst. Auch diese waren Inkarnationen lang dort eingelagert und sorgen mitunter für verrostete Gelenke, verstopfte Gefäße sowie Ablagerungen an allen Orten. Es erscheinen alte Traumen, Verletzungen, Unfälle, Prägungen durch Folterungen und Gefangenschaften, Missbrauch. Doch sie dienen uns längst nicht mehr, sie sind sogar höchst überflüssig. Und so quellen sie im wahrsten Sinne des Wortes hervor, damit sie erkannt, erfüllt und endlich erlöst werden.

Das ist herausfordernd! Darum müssen wir gut für uns sorgen. Um diese umfassenden Licht- und Dunkelintegrationen zu bewältigen, dürfen wir mehr auf unseren Körper schauen. Wir dürfen in dieser Zeit faul sein und uns gehen lassen. Genehmigen wir uns doch viel Schlaf und hängen öfter ab, warum nicht? Wir tun einmal alles, wozu wir Lust verspüren.

Entgegen früheren Einschätzungen von Heilern und spirituellen Lehrern, die noch der Ansicht waren (und sind), dass alles einem speziellen Konzept, einem vorbestimmten Muster zu folgen hat, geht es heute immer mehr darum, ES gewähren zu lassen, da die Zeit reif ist. Andererseits können Prozesse auch im hohen Regulariendschungel stecken bleiben, da eine freie Energiebewegung fehlt. Das ist keinesfalls beabsichtigt! Im Allgemeinen ist jetzt weitaus mehr Entspannung nötig als Konzentration, viel eher Heilschlaf als konzeptionelle Meditation, viel besser eine hochvibrierende geistige Einschwingung als ein anstrengendes Zeremoniell. Geschehen lassen ist ein geistiges Werkzeug. Das haben wir auch zu lernen.

Das Wunderbare an dieser Zeit ist: Es geht schneller und schneller! Ist das ein dicker Hoffnungsstrahl? YES!

Habe ich dich vor einigen Seiten und Kapiteln noch durch das Prozedere des körperlichen Aufstiegs geführt, möchte ich dir an dieser Stelle nur noch zublinzeln und sagen: ES GE-SCHIEHT im kosmischen Augenblick (Quantenwelle), WENN du bereit bist. (Sei gespannt auf die nächsten Bücher und Projekte ... ich beeile mich schon, doch ich muss auch ein bissel leben zwischendurch.☺) Hier kommt es einzig und allein darauf an, ob dein Herz und dein Geist entsprechend geöffnet sind. Bist du noch nicht so weit, darfst du wohl langsamer gehen. Allerdings „leidest" du dann auch langsamer.

Bei der Verschmelzung mit der göttlichen Blaupause geht es niemals um blindes Vertrauen einem Meister gegenüber. Es geht nicht um Glauben oder Verstehen. Es vollzieht sich, weil das Vertrauen uns selbst gegenüber so groß wird, dass sich die neuen Tore leicht öffnen können. Dann ist es in der Tat so weit. Erkennen wir das, können wir schließlich, neu kalibriert, vielen anderen Menschen helfen. Nicht durch Worte oder

Erklärungen, sondern einzig und allein durch unser SOSEIN. Selbstverständlich ist der Download der göttlichen Blaupause eine hoch ordnende Kraft. Denn mit der Integration der Urmatrix kommen unsere Felder – nach anfänglichem Chaos (wie anfangs mit dem Abstieg beschrieben) – immer besser in Balance und schwingen kraftvoller in allen Regenbogenfarben innerhalb einer harmonischen Form (Aura-Ei).

Andere Menschen bekommen das mit, da es in das Morphogenetische Feld gespeist wird, und schwingen sich ein. Treffen sie auf uns, beginnen sie plötzlich, fröhlich zu plaudern, manchmal herumzualbern oder ohne Unterlass zu erzählen. Der kosmische Informationsdownload in das Feld der Menschheit erfolgt immer stärker und in größerer Informationsdichte, bis sich jeder leicht in die neue Matrix einloggen kann. Dafür, Meister, sind wir auch gekommen! Wir dürfen ihnen in Liebe den Schlaf aus den Augen wischen! (☺)

Was ich noch nicht erwähnt habe: Es kann dadurch häufig auch (menschliche) Explosionen geben, also Vorsicht!

Herzöffnung täglich forcieren

Zentrieren wir uns täglich tief im Mittelpunkt des Herzens, sind wir in Kontakt mit unserer Seele und später mit allen lichten Wesensaspekten. Wir schwingen in der höchstmöglichen Vibration. Gehen wir durch das Tor des Christuslichts im Herzen, empfangen wir über die oberen Chakren das höhere Wissen aus der Akasha (da wir mit dem schnelldrehenden Quellstrom verbunden sind).

Genau in dieser Qualität lassen sich Heilungen der Physis sehr viel leichter durchführen als im Grobstofflichen. Dabei ist es gleich, welche Wege wir nutzen möchten. Eine kraftvolle Technik ist die bewusste Verschmelzung mit der göttlichen Blaupause. Um sicherzugehen, dass dieser komplexe Bauplan nie in Vergessenheit gerät, wurde er in unserer DNS gespeichert. Also müssen wir ihn nur reaktivieren.

In jeder Lichtschicht unseres Aurakörpers sind neue, mehrdimensionale Bausätze aufbewahrt, die – je nach Lichtstufe – in uns hochgeschaltet werden. Das lässt sich im linearen Verständnis kaum nachvollziehen, denn auch diese Matrixen sind bis auf die DNS-Ebene alles durchdringend.

Die DNS unserer Zellen enthält Kodierungen, die sich nun öffnen. Infolge dieses Geschehens werden Impulse gegeben, um die Kristallkörperentwicklung, die mit der Lichtkörperbildung einhergeht, zu forcieren. Einfacher bedeutet es, dass unsere Zellen schon vor einigen Jahren – als 1987der Aufstieg (Harmonische Konvergenz) begann – aus der DNS den Befehl bekamen, Licht als Energie zu verstoffwechseln. Bereits 1988 wurde so bei allen Lichtträgern die erste Lichtkörperstufe aktiviert.

Wie wir in diesem Buch und am eigenen Leib täglich erfahren, bringen die hohen Lichteinflüsse entsprechende Lichtkörpersymptome hervor. Das haben wir einzukalkulieren, auszuhalten und auszuvibrieren. Es ist der Ablauf, für den wir unterzeichnet haben.

Verschmelzen im ALL-SEIN

Eine Meditation, die in Verbindung mit Metatron hereinfloss:

Bitte die geistige Hierarchie, die Engel, Priester und Meister in diesen Raum. Sie mögen dir beistehen, wenn du deine schöpferischen Absichten formulierst.

- *Atme im vertikalen Strom tief und hoch und lass alles los, was du weißt und nicht weißt, was du bist und nicht bist.*
- *Lass dein Leben los und dein Streben ... komme tief in dir selbst an, im Mittelpunkt deines Herzens.*
- *Füge dich in deinen eigenen Strom, der in dir und um dich fließt, und fühle dein Pulsieren, fühle, dass du dieses Rauschen bist. Dein Körper ist wie eine komplexe Matrix.*
- *Weite dich aus, fließe mehr und mehr im Strom deines Seins, der weit über die Grenze deines Körpers hinausgeht.*
- *Du bist jetzt eine gigantische Woge, die sich immer weiter ausdehnt.*
- *Fließe und verschmilz weiter und sieh, dass du das Meer bist, der große Ozean, der ebenso aus Energie besteht.*
- *Fließe und verschmilz weiter und fühle: Du bist auch die Landschaft, die Berge und Täler, die Städte, die Länder und die ganze Erde.*
- *Nichts ist fest, alles ist ein Meer der Schöpfung – eine flirrende, unbeschreibliche Substanz, die sich in Myriaden Formen ergießt – eine Matrix aus Entstehen und Vergehen.*
- *Du dehnst dich in deinem Hologramm aus, das du selbst bist, selbst gewebt hast und dadurch nie verlieren kannst.*
- *Spüre, wie alles um dich herum und durch dich hindurch vibriert.*

- *Erfahre nun:*
  ICH BIN die göttliche Kraft, die das erschafft!
  ICH BIN ein Schöpfer im SEIN!
  ICH BIN Körper, Erde und das Universum!
  ICH BIN weiter als das und gehe darüber hinaus!
  Ich fließe durch die verschleierte Hülle der Sterne und Galaxien, über die Grenze des Universums hinaus!
  ICH BIN JETZT ALL-ES, und ich bin NICHT-S!
  ICH BIN EINS mit dem göttlichen Selbst in mir und somit EINS mit dem gölllichen Plan!
  Ich bin jetzt bereit, die nächste Stufe meiner Blaupause zu aktivieren!
  Ich öffne mich für den Strom der Weisheit und Liebe im Licht des All-Einen!
  Ich lasse die Verschmelzung JETZT geschehen!
- *Atme nun deine alte Lebensmatrix aus und neue, frische Energie des Zeitgeistes ein. Wieder und wieder, sooft es dir eingegeben wird.*
- *Spüre, wie es geschieht, und danke für die göttliche Gnade.*

Lass die Aktivierung wirken, so lange du möchtest. Du kannst auch den Prozess vor dem Einschlafen durchführen. Wenn die Symptome zu stark werden, reicht ES!

(Danke dir, Lichtfürst Metatron.)

Absichtlich sind viele Meditationen, die du anhand der einzelnen Schritte vollziehst, kurz gehalten, damit du sie dir gut einprägen kannst. Auf meinen CDs werden eher Geschichten erzählt, die dich auf Trancereisen führen und weitaus höhere Energien aktivieren. Diese Qualitäten sind verschieden.

176

Aura, Lichtkörper und Kristallkörper

Wie wir aus der Energielehre wissen, durchziehen und umhüllen mehrere energetische Schichten unseren physischen Körper, die als feinstofflicher Körper oder Aura bezeichnet werden. Alle diese Felder sind miteinander verwoben und haben Einfluss auf unser physisches, emotionales und mentales Wohlbefinden. Die ersten vier Körper (Vital-, Emotional-, Mental- und Kausalkörper) sind von hellsichtigen Menschen sehr gut auszumachen, und die Farben und Formen geben den Betrachtern viele Hinweise auf die Seelenentwicklung des Menschen sowie auf seine körperliche Verfassung. Dieses Gebilde hält die Verbindung zwischen der Quelle allen Seins, dem großen Geist (allumfassendes Bewusstsein) und der materiellen Ebene.

Als Lichtkörper wird die Gesamtheit aller Körper beschrieben, die das menschliche System umhüllen. Damit sind alle feinstofflichen Felder gemeint, auch diejenigen, die wenigen Seelen in der inneren Wahrnehmung erscheinen. Die einzelnen Schichten durchdringen einander in hierarchischer Ordnung. Die höchsten Ebenen sind von großer Ausdehnung und enthalten das Potenzial (synchron zum Bewusstsein), mit ihren Qualitäten alle niederen, dichteren Energieschichten zu durchlichten. Die Lichtteilchen der einzelnen Lagen verdichten und verlangsamen sich bis zum festen Körper, der schließlich die langsamste Teilchenumdrehung aufweist.

Der Lichtkörper ist durch seine hohe Frequenz am weitesten vom Körper entfernt. Er ist generell hell und lichtvoll und von sehr lichtvollen Pastelltönen durchzogen. Je weiter die Bewusstseinsentwicklung fortgeschritten ist, umso intensiver wird auch die Strahlkraft des Lichtkörpers. Ist er stark genug, können wir über dieses Feld mit Engeln und Geistwesen kommunizieren. Je mehr Ladung der Lichtkörper hat (Transportfrequenz für alle Informationen und Bilder), desto klarer können Informationen und Bilder empfangen werden.

Kein Geringerer als unser hoher Geist ist der Architekt des gesamten Energiesystems. Sind wir in Verbindung, können sich alle Energiefelder neu strukturieren und aufladen. Dass wir dabei selbst aktiv werden können, ist unsere Bestimmung in dieser Inkarnation. Unsere Fähigkeiten der Lenkung und Transformation von Energien stehen natürlich in Korrelation mit unserem Bewusstsein.

Allein dass die Menschen davon Kenntnis gewinnen, dass es außer den greifbaren Tatsachen eben auch diese energetischen Körper gibt, bedeutet für sie Riesensprünge in ihrer Entwicklung.

Wollen wir unseren energetischen Körper entwickeln und kristallisieren, beginnen wir mit den sieben Hauptenergiezentren, die alle Schichten beeinflussen. Das geschieht durch den Energiekörper. Wenn wir mit den unteren Energiewirbeln arbeiten und dort die blockierten Flüsse in Bewegung setzen, hat das zur Folge, dass wir kraftvoller und stabiler im Leben stehen und die Dinge, die wir gerne möchten, schneller materialisieren können. Letztendlich bilden die unteren Chakren die Basis für alle anderen. Sind die mittleren Chakren im Fluss, empfinden wir unsere wahre Stärke und können darüber hinaus Emotionen besser und balancierter ausdrücken.

Das Herz als wichtigstes Zentrum im gesamten Prozess der Veränderung vom dichten zum lichten Körper ist gefordert, um die Flüsse aus allen Ebenen aufzunehmen, an die richtige Adresse zu leiten und die Energieströme zu harmonisieren. Das kann und tut es nur, wenn es entsprechend geöffnet und aktiviert ist. Sonst fließen die Ströme mitunter wie sie wollen, und wir stürzen öfter aus himmelhochjauchzenden Höhen in tiefste Abgründe. Das haben wir alle schon erlebt, oder? Unser Herz generiert die höchsten Energien für Heilung und ist am besten in der Lage, erhebliche Energiemengen zu bewegen.

Die Entwicklung und Kristallisierung der drei oberen Chakren – Hals, Drittes Auge, Kronenchakra – bewegen die Energien in der Mentalebene leichter und schneller. Unsere Gedanken beginnen sich zu durchlichten, wir haben Einblicke in tiefere Zusammenhänge – auch durch Zeit und Raum –, kommen mit der Weisheit höherer Ebenen in Verbindung und erfahren ein neues, ausgedehnteres Sein.

Haben wir die sieben Chakren unserer Aura in einem gewissen Maß bereinigt und vitalisiert, beginnt sich unser Lichtkörper zu entfalten. Durch den aktivierten Lichtkörper werden wir zu einer strahlenden Quelle des Lichts, die auch andere Menschen sofort in eine höhere Schwingung versetzt. (Dies auch, indem sich deren Blockaden manchmal heftigst zeigen. Das ist nicht gerade angenehm, da sie sich nicht selbsttätig erlösen, sondern eine gewisse Bereitschaft erforderlich ist.)

Häufig erleben wir nun glückselige Zustände. Unser Leben verläuft zunehmend harmonischer, und wir fühlen uns im Einklang mit unserem Seelenauftrag.

Als Kristallkörper bezeichnen wir den entwickelten, durchlichteten physischen Körper, dessen neue Strukturen und Abläufe sich sehr von dem vorhergehenden System unterscheiden. Der vollkommen ausgebildete Kristallkörper verstoffwechselt Licht und benötigt keine feste Nahrung mehr.

War die Schwingung der einzelnen Zellen vorher noch stark verlangsamt und magnetisch, so erhöht sie sich jetzt drastisch im Feld der einfließenden hochelektrischen, kosmischen Energien. Damit lässt auch der Bedarf an fester Nahrung immer mehr nach und macht damit einem ganz neuen „Lichthunger" Platz. Licht ist Wissen. Der Mensch verlangt also nach geistigem Wissen, statt nach schwerer, fester Nahrung. Doch in der Übergangsperiode ergeben sich auch hier – entsprechend der Inkarnationsabsicht – diese oder jene (Gewichts-) Verlagerungen, um eine totale Entgleisung der Systeme zu vermeiden.

Die Aurakörper und sieben Elemente

1. Physis	1. Ebene	Wurzelchakra	Erde
2. Vitalkörper/ Ätherleib	2. Ebene	Sakralchakra	Wasser
3. Emotionalkörper/ Astralleib	3. Ebene	Solarplexus	Feuer
4. Mentalkörper	4. Ebene	Herzchakra	Liebe
5. Kausalkörper	5. Ebene	Halschakra	Luft
6. Buddha-Körper	6. Ebene	Drittes Auge	Licht
7. Atman-Körper	7. Ebene	Kronenchakra	Äther

Wenn wir die beiden neuen Elemente, das Licht und die Liebe, als geistige Elemente beziehungsweise Qualitäten mit hinzuziehen, könnte sich so eine ganz andere Chakra-Zuordnung ergeben. Das ist eine Hypothese und darf sich im natürlichen Fluss der Energien durch die einzelnen Zentren bestätigen. Doch es macht Sinn, nicht wahr?

1. **Der physische Körper**
   mit allen Organen, mit seinen Meridianen, Akupunkturpunkten und Reflexzonen. Er ist das Instrument und das Haus der Seele.

2. **Die vitalenergetische Aura (Ätherkörper):**
   Diese Schicht nährt den physischen Körper unmittelbar und hält die Energiereserve für unser Wohlbefinden, unsere Kraft und Ausdauer. Hier sind mitunter Prägungen von Verletzungen oder Krankheiten zu sehen. Er ist der Sitz aller Lebensfunktionen und hält die Verbindung zur geistigen Sphäre. Er bildet den physischen Körper exakt nach (ätherisches Doppel) und zieht sich in der Sterbephase aus demselben zurück.

3. **Die emotionale Schicht oder der Astralleib:**
   Hier befinden sich weitere Prägungen sowie jegliche Gefühle, die wir aussenden, und deren Trümmer. Es ist der Sitz der Begierden und Wünsche. Wenn Licht in diesen Körper eintritt, wird alles Alte herausgeschleudert, herausgedreht, und wir können in der Transformationsphase Ekzeme und andere Hautkrankheiten bekommen. Die Blockaden der emotionalen Schicht können sich für Hellsichtige als verzerrte Figuren, Formen und Muster darstellen.

4. Die mentale Schicht, das intellektuelle Feld,

enthält vielfältige Gedankenstrukturen. Der kontrollierende Verstand endet an dieser Grenze. Das Mentalfeld in der alten Energie trennte uns komplett von den kosmischen Räumen und Möglichkeiten sowie vom höheren Wissensfluss ab. Hatten Menschen jedoch Zugang zu den hohen Geistebenen, sahen Bilder und hörten Stimmen, galten sie damals oft als ver-rückt und erlagen dem langen seelischen und physischen Leid als Folge der schulmedizinischen Fehlbeurteilung.

Heute gibt es zahlreiche spirituell entwickelte Menschen, die solche Bilder ebenso sehen und die Stimmen hören. Würden sie sich einer schulmedizinischen Diagnose unterwerfen, müssten ganze Stadtteile zu Irrenanstalten umfunktioniert werden.

(Ich habe solche Be- und Verurteilungen – oder, neudeutsch: die psychologische Begutachtung über mich ergehen lassen müssen. Es war keine Freude! Psychologen stempelten mich nach vorgefertigter enger Schulmeinung als „egozentrisch" und „anpassungsunfähig" ab und bescheinigten in seitenlangen Protokollen, dass ich weder lernfähig noch in der Lage sei, Verantwortung zu übernehmen (hier betraf das den Straßenverkehr – hm...)

Dabei bin ich weiß Gott normaler als sie selbst. Sie stecken fest im Verstandesgeflecht. Leider gibt es für sie keine Supervision in moderner Psychologie der Neuen Zeit! Hektoliterweise Dunkel liegt da noch begraben, wie ich finde...)

Nicht genug damit, dass wir uns rechtfertigen und so anpassen müssen, damit wir in die medizinischen Schubladen passen – es kommen auch aus ganz anderer Richtung stetige Verzerrungen und Überfrachtungen des Mentalfelds

Smaragd Verlag

In der Steubach 1

D-57614 Woldert

Absender

_____
Name, Vorname

_____
Straße, Hausnummer

_____
Land, PLZ, Ort

_____
Telefon, Fax

_____
eMail

(Bitte in Druckbuchstaben schreiben!)

Ja, ich möchte gerne weiter informiert werden.

Bitte senden Sie mir -

Ihr Verlagsverzeichnis ☐

Seminartermine ☐

Diese Karte entnahm ich dem Buch ....

Ich fand das Buch inhaltlich ....

....

und die Gestaltung ....

Würden Sie dieses Buch weiterempfehlen? ....

Vielen Dank!

info@smaragd-verlag.de - www.smaragd-verlag.de

zustande – durch die Massenmedien, denen sich kaum jemand widersetzen kann. Die Informations-Bombardements aus Terror, Unglück, Verzweiflung, Mord – des bebilderten Grauens sozusagen – ziehen mittlerweile eine dichte Schicht um den Körper, und wir können diese deutlicher denn je spüren. Langsam drehende Energien verdichten die Felder vieler und lassen den Austausch mit leichten, lichtvollen Energien selten zu. Medizinisch nennt sich dies auch „Depression". Fast scheint es in solchem Fällen, als habe das graue Feld längst die Kontrolle übernommen und schleife den Körper nur noch hinterher.

Körperlich sind die Betreffenden oft ebenso entkräftet, weil die Überzeugungen und Irrwege sie malträtieren und diese dicke grauenvolle Schicht Tag für Tag ihren Tribut einfordert. Schwere Prägungen mentaler Muster und Glaubenssätze sind in solchen Feldern öfter zu finden. Diese Seelen sind im höchsten Maße abhängig von weiterer Mentalnahrung, durch die sie sich immer tiefer in die Komplexität der Verstandesgespinste einwickeln und das Große Ganze (und somit den wahren Kern) völlig aus den Augen verlieren. Ihnen geht eine Menge Energie verloren, da die Aufrechterhaltung dieser Illusionen einfach nur Kraft kostet. Diese Energie fehlt wiederum, um den Durchbruch in die höheren Ebenen zu vollziehen.

Loslassen, Atmen, ins Herz kommen, Gefühle zulassen (in Begleitung, wenn nötig) und sich selbst wieder spüren sowie alle Formen von Bewusstseinsarbeit wären hier angemessene Lösungsansätze.

Der 5. bis 7. Energiekörper, die als Geistkörper oder Lichtkörper bezeichnet werden, dienen als Bindeglied zum Höheren Selbst, zur Christus-Überseele und zur Monade oder ICH BIN-Präsenz. Hier geschieht die Verschmelzung mit dem höheren bewussten SEIN. Die Felder sind eine Schnittstelle des Astralleibs, des physischen Körpers und der göttlichen Blaupause eines Menschen.

5. **Der Kausalkörper (auch karmischer Körper)**
   repräsentiert die höchste Stufe der Individualität. Er enthält die Prinzipien der Ursachen, die in den unteren Ebenen ihre Wirkung entfalten. Alle Anlagen des Menschen bleiben nach dem Tod in diesem Gefüge gespeichert.
   Über diesen Körper kommunizieren wir mit den geistigen Wesen, unserem Höheren Selbst, und verschmelzen mit Allem-was-ist. Aus diesem Bereich empfangen wir Intuitionen und Informationen des Geistes, die uns helfen können, alltägliche Situationen zu meistern. Je weiter wir spirituell entwickelt sind, desto mehr dehnt sich dieses Feld. Es kann bei hochentwickelten Wesen mitunter bis zu mehreren Kilometern betragen. (Damit kann es zum Beispiel sogar von den Radarschirmen der NASA aufgezeichnet werden. Dies beschrieb Drunvalo Melchizedek in seinen Büchern *Blume des Lebens I + II*, als er eine bestimmte Merkabah-Meditation durchführte.)

6. **Der Buddha-Körper:**
   Können wir den Buddha-Körper verwirklichen, finden wir das Nichts, das Nirvana. Das wahre Wesen unseres Höchsten Selbst ist der reine und wahre Buddha. Hier sind Weisheit und Liebe im Licht vereint. Diesen Körper zu erfahren,

ist das Ziel aller spirituellen Wege und bedeutet, die Welt der Illusionen hinter sich zu lassen und die göttliche Ebene zu betreten. Bis zu diesem Zeitpunkt ist es den Wenigsten vergönnt, eine solch hohe Stufe der Entwicklung zu erreichen.

7. **Der Atman-Körper (oder Adam Kadmon)**
   ist die göttliche Schicht, aus der alle Wesen hervortreten. Er steht über dem höchsten Spirituellen und ist wie der Hauch Gottes. Hier erleben wir den überbewussten Samadhi – die Einheit mit dem Göttlichen. Geist und Substanz sind in dieser Ebene EINS.

Aktivierung der sieben Aurakörper

Für die einzelnen Aurakörper gibt es wundervolle Techniken der Aktivierung, die wir – gemäß unserer spirituellen Entwicklung – anwenden können.

Führen wir die beschriebenen Übungen durch, ist immer ein Integrationsprozess nötig, da die Energien auch im physischen Raum ankommen wollen. So dürfen wir die Energien zuerst verkörpern und zum Ausdruck bringen, ehe wir die nächsten Stufen emporklettern. Nach der Beschleunigung können bereits erste Veränderungen wahrgenommen werden.

Unser System braucht jedoch eine Weile, um sich der Wandlung auf allen Ebenen bewusst zu werden. Es ist ein sehr individueller Prozess. Dabei ist es unwesentlich, wie viel Zeit vergeht (Verstandeskonzept). Öffnen wir uns weit, um die Energien zu empfangen. Nach welcher Methode, Technik oder Anleitung das geschieht, bleibt uns überlassen. Veränderungen ereignen sich manchmal schon mit der ersten bewussten Entscheidung. Auch die Anleitungen in diesem Buch sind lediglich eine Variante im breiten Feld der Möglichkeiten unseres Bewusstseinswegs. Viele Wege führen zur Quelle. Es ist gleichgültig, für welchen wir uns von Herzen entscheiden.

Inspiration mit Ariel

Ich spüre die geistige Familie im Raum. In Ariels Strom kristallisieren sich hierzu Informationen heraus. Er lässt sein Engelslicht in und über mich fließen, und ich werde die Bilder, Eingebungen und Vibrationen in Worte fassen.

Ich grüße euch aus den hohen Reichen des Lichts. Gerne geben wir euch weitere Hilfestellungen für euer spannendes Experiment. Ihr seid unsere geliebte irdische Schar, der wir versprochen haben, unsere Führung zuteil werden zu lassen.

Es geht nunmehr um die vollkommene Restauration eures Lichtkörpers als wesentlichen Marker eures Ausdehnungsquotienten innerhalb des Raum-Zeit-Kreuzes, an dem ihr euch befindet.

Erst euer vollständig restaurierter Lichtkörper kann euch im Aufstiegsprozess wirklich dienen. Es ist eine heikle Angelegenheit, mit einem schadhaften Lichtgebilde in höhere Ebenen zu diffundieren, da sehr schnell empfindliche Lecks entstehen könnten. Zu oft ist das in der Vergangenheit geschehen, und es gibt innerhalb der Lichtebenen eine ganze Heerschar von Engeln und Meistern, die ausschließlich für die Überwachung der korrekten Lichtkörperentwicklung zuständig ist.

Befinden sich Risse oder Löcher in diesem Gefährt oder wurden einzelne Segmente nicht korrekt aufgebaut, kann es zu schmerzlichen Erfahrungen kommen, die sich natürlich auch auf physischer Ebene zeigen. In solchen Fällen kann es zu extremen Beschädigungen des physischen Gefährts und auch des Emotional- oder Mentalkörpers kommen. Der Lichtkörper ist das Verbindungsglied zur Quelle. Durch ihn habt ihr jederzeit die Möglichkeit, bei vollem Bewusstsein heimzukehren.

Viele Schichten halten große Potenziale bereit und sind auf ihre Art wiederum tief mit der DNS in euren Zellen verknüpft. Jede Schicht hat genau festgelegte Aufgaben und verkörpert eine andere Dimensionsebene. So, wie ihr euch mit eurem Lichtkörper ausdehnt, dehnt ihr euch in die neuen Dimensionen aus. Euer Energiegefährt wirkt um und durch euch. Es diente zu allen Zeiten eurer irdischen Inkarnationen als „Lichtbrücke" in höhere Ebenen. Am Ende eines jeden Daseins wurde die Aura vollständig in diesen Lichtkörper zurückgeholt, was der physische Tod eines Menschen bedeutete.

In dieser Inkarnation habt ihr die Möglichkeit, den Lichtkörper im vollen Bewusstsein als Aufstiegstempel zu nutzen. Die einzelnen Schichten enthalten wichtige Daten und Pläne, mit deren Hilfe ihr die jeweiligen Dimensionsebenen bereisen könnt. Nun sind die einzelnen Matrixen in ihrer Beschaffenheit sehr differenziert, obwohl alles Energie ist. So ist es gegeben, dass eure niederen Aurakörper noch sehr klar wahrzunehmen sind.

Denken wir nur an das vitale Feld, das jetzt für viele sichtbar ist, wenn sie den Blick weicher einstellen. Die Energien sind hoch genug, um dies zu erkennen. Den Emotional- und Mentalkörper können einige Seelen sehen, die in früheren Inkarnationen ihren geistigen Aufstieg in eine große Ausdehnung gebracht haben und nun hier sind, um anderen zu helfen. Es ist wenigen vergönnt, die höchsten Ebenen zu erfahren – bisher. Doch auch dies wird sich rasch ändern.

Ihr seid nun gehalten, euch zu entwickeln und eure Lernschritte bereitwillig abzuschließen, euch weiter in euer SEIN auszudehnen. Viele bunte Darstellungen der Aurakörper und des Energiefelds, ja, sogar Aurafotografien habt ihr erschaffen, wodurch ihr erahnen könnt, was es mit diesen Energien auf sich hat. Sogar Veränderungen sind darauf unmittelbar festzustellen. Nun glauben viele Seelen immer noch, dass die Energieschichten den physischen Körper umhüllen. Doch so ist es nicht. Alle Frequenzbereiche durchweben das System und öffnen sich über das Tor eures Herzens. Dies lässt sich schlecht darstellen, nicht wahr? Sie öffnen sich bei denen, die imstande sind, den Input der Lichtwellen zu ertragen.

Als vollkommenes Sein seid ihr längst in hohen Dimensionen zu Hause, doch ihr beschränkt euch noch, setzt euch Grenzen, haltet euch auf in den niederen Ebenen und glaubt, die Welt der Illusionen wäre die einzige Realität.

Beginnen wir mit der ersten Schicht.

Die 1. Schicht

Eure Physis, euer materieller Körper, ist das Gefährt, in dem ihr dieses Mal aufsteigen werdet. Das betrifft diejenigen, die sich auf Seelenebene entschieden haben, auf der Erde zu bleiben. Viele andere wählen den schnellen Weg ins Licht, der an sich wesentlich einfacher ist. Doch die meisten haben sich für das schwerere Los entschieden.

Die Seelen, die gewählt haben, in den nächsten Monaten und Jahren zu gehen, werden entweder zurückkehren und mit einer komplett neustrukturierten DNS und in einem völlig modifizierten Körper auf der Neuen Erde ankommen, oder sie entscheiden, auf andere Heimatsterne zu wechseln.

Die hohe Zahl an Neugeborenen hebt zusätzlich die Schwingungen der Menschheitsmatrix durch ihre spezifischen Kristallfrequenz an. Es wird weitere Walk-Ins geben (Seelentransfers), die im Austausch brauchbare Körper nutzen und aufgrund ihrer fortgeschrittenen geistigen Entwicklung großen Einfluss bezüglich der Wandlungsprozesse gewinnen. Es findet bereits jetzt statt.

Die Physis ist also die Ebene, durch die ihr den Wandel erlebt, erfahrt und ausvibrieren dürft – auch in Form von Schmerz, Druck, Enge, Hitze, Kälte und Unbehagen. Ihr hattet entschieden, endlich fühlen zu wollen. Ich kann euch versichern, Geliebte, dass wir uns auf jede einzelne Lebensgeschichte freuen, die ihr uns offenbaren werdet. Eure Geschichten bekommen einen Ehrenplatz in der Chronik der Zeitenwende und dienen als Studienprojekt für den Aufstieg anderer Spezies in diesem Universum und weiteren Universen.

Fühlt, dass ihr AUCH euer Körper seid UND noch viel mehr. Euer Körper ist eins der größten Portale, durch die ihr eure weiteren Ausdehnungen erlangen werdet. So ehrt ihn, wie ihr die Geistige Welt ehrt. Gönnt ihm Ruhe und Schlaf, verwöhnt ihn mit schönen Massagen oder Bädern, streichelt und salbt ihn mit wertvollen Substanzen, deren heilsame Wirkung sich auf weiteren Ebenen entfaltet. Bewegt ihn ausdehnend und kreativ (mit Freude und Hingabe tanzen), jedoch ohne Stress und ohne euren Verstand ständig zu bemühen. Entspannt euch dabei und spürt, dass ihr so viel intensiver bei euch sein könnt. Für euren Körper gibt es nichts Wertvolleres und Heilsameres als die Liebe, die ihr für euch selbst empfindet.

In diesem Werk wurden vielfältige Möglichkeiten aufgezählt, wie ihr euch stärken und ausrichten könnt. Doch es gibt in dieser Hinsicht nur diese eine wichtige Mitteilung: Liebe deinen Körper, liebe jedes Organ, jede Zelle dieses biologischen Wunderwerks, das direkt aus dem grenzenlosen liebenden Herzen des ALL-EINEN hervorgegangen ist.

Wir lieben euch unermesslich und können gar nicht genug betonen, das wir jederzeit in Freude an eurer Seite weilen. Doch ihr habt beschlossen, es ALL-EIN(s) zu tun, weil ihr Meister seid, und wir respektieren eure Wahl.

Atmet die folgenden Worte:

Wir ordnen Energien für euch und schenken euch Licht, wenn ihr in Verwirrung seid. Wir senden Liebe, wenn ihr euch einsam und verlassen fühlt. Doch ihr seid die Meister der Tat, die Meister der Verkörperung. Es war euer ausdrücklicher Wunsch, diese Dimensionsebene bis ins kleinste Detail, bis ins tiefste Dunkel hinein zu erforschen und daraus bewusst aufzusteigen. Dazu musste euer Bewusstsein aus der Einheit fallen, musstet ihr euch abtrennen. Ihr tut es seit Jahrtausenden. Doch nun ist der Aufschwung in Sicht, und ihr kehrt zurück in die Gefilde der harmonischeren Energien, der freudvolleren, lichtvolleren Bereiche eures SEINS, und wir sind mit euch!

Die 2. Schicht:

Die 2. Schicht, die Vitalaura, könnt ihr nähren, indem ihr euch viel an der frischen Luft aufhaltet, die Natur genießt und euch regelrecht mit der irdischen Mutter verschmelzt. Der Planet Erde ist ein Wesen großer Güte und Hingabe, und Gaia hat sich verpflichtet, ihren Kindern beizustehen und sie mit allem zu versorgen, was sie jemals benötigen werden. Und so ist es.

Alles ist dafür ausgerichtet, dass ihr die gigantische Vielfalt der Informationsdichte aller organischen Strukturen erkennt und in euch aufnehmt. Es ist gut möglich, dass mancher immer noch vieles begehrt, was nicht unbedingt auf Bäumen wächst oder in der Erde gedeiht. Dieses Begehren entspringt einer ungeheilten Beziehung zu eurem Körper. Seid euch bewusst, wie reich die Natur und der gesamte Kosmos sind, und lasst hier Integration geschehen. So werdet ihr diese Themen meistern. Wisst ihr, wie es geschieht? Ihr saugt förmlich die ordnenden Energien auf, und so werden destruktive Schwingungen entlassen, und ihr seid wieder vollständig und heil. Ihr aktiviert hiermit eure vitale Energie.

Wie ihr vielfach bereits erfahren habt, wirken Klänge, Farben und Formen auf alle Aurafelder gleichermaßen, denn sie sind ineinander vernetzt. Aktiviert ihr eine Schicht, hat dies immer eine durchdringende Wirkung auf andere Felder. Einige Formen der Meditation haben Einfluss darauf. Hier dürft ihr nach eurem Empfinden unterscheiden.

Reines, hochstrukturiertes Wasser hilft, den Körper zu reinigen und zu klären. Durchlichtet eure Nahrung und bevorzugt frische, sonnengereifte Produkte sowie natürliche, unverarbeitete Nahrungsmittel. Es gibt hier keine dogmatischen Regeln, was eure Ernährung anbelangt, denn allen Regeln liegen verstandesgeprägte Konzepte zugrunde. Letztlich ist alles aus göttlichem Licht. Dichte Nahrung wird euch mehr an die dritte Ebene binden, lichte Nahrung lässt euch emporwachsen.

Es gibt auf der Erde längst Meister, die all dies nicht mehr benötigen und die ihre Kanäle für die Lichtversorgung der Zellen freigeschaltet haben. Auf der anderen Seite haben einige spirituelle Wesen den Kampf „gegen" das Fleisch verloren und mussten am Ende auch entkräftet aufgeben. Verfahrt hier nach eurem besten Wissen und Gewissen, und ihr seid goldrichtig.

Hütet euch davor, strenge Reglementierungen walten zu lassen, da ihr so eng werdet. Ihr habt Tausende Konzepte, Pläne und Richtlinien erschaffen. Wohin hat es euch geführt? Ihr nährt aus der Dualitätserfahrung heraus den Gegenpol, wenn ihr etwas ablehnt. Es geht jedoch darum, beide Seiten zu vereinen. Es gibt kein Falsch und kein Richtig. Alles ist erlaubt und möglich, sofern andere Lebewesen respektiert und geachtet in ihren natürlichen Räumen aufwachsen können.

Das hat nichts mit der Massenvermarktung von Tierkadavern in den Supermarktketten zu tun und mit dem Überangebot dieser Nahrungsmittel vor gesunder und unbehandelter pflanzlicher Kost. Dies entspricht nicht der neuen Ebene. Fühlt euren Körper und erfahrt, was er benötigt, um euch in der gewünschten Richtung zu unterstützen. Eine Zeit lang mag der Bedarf an speziellen Nahrungsmitteln noch höher sein, weil ihr so den individuellen Aufstieg anpassen könnt. Ihr seid frei zu wählen und die Verantwortung für eure Wahl zu übernehmen. Achtet und ehrt alle Kreationen der Quelle!

In bezug auf den Fleischkonsum geht es nicht um eure tierischen Freunde, die so schneller aufsteigen können. Es geht um euch selbst. Über die Nahrung baut ihr die Verbindung zum physischen Ursprung auf. Es ist möglich, dass aufgrund des schwankenden Magnetfelds der Erde vorübergehend der Konsum fester Nahrung ansteigt, da ihr so eher das Gefühl habt, noch mit beiden Füßen auf der Erde zu stehen. Bestimmte Qualitäten unterstützen euch zu bestimmten Zeiten mehr als andere. So solltet ihr eure Wahl spezifizieren, ohne starre Dogmen walten zu lassen.

Die 3. Schicht, der Emotionalkörper:

In dieser Schicht lagern die alten Schlacken der durchlebten oder übernommenen Gefühlsmuster und bilden einen dichten Nebel. Den Emotionalkörper könnt ihr reinigen, indem ihr euch freudvollen Gefühlen hingebt und euch darauf besinnt, was euer Herz zum Klingen bringt. Lacht viel, seid fröhlich und sucht den Kontakt zu fröhlichen Menschen. Andererseits dürft ihr Gefühle ausdrücken. Dadurch kommt diese Schicht in Bewegung. Hier sind wir schon mitten im Lied eurer Seele. Euer Seelenlied ist eine kleine Melodie, die euch sofort in eine andere Ebene versetzen kann und Balsam für die Gefühle ist.

Viele Menschenkinder haben ihr Seelenlied bisher leider niemals vernommen. Zu verschmutzt sind die menschlichen Gehörgänge von jahrelangem übermäßigen Ton- und Sprachkonsum – sowohl zwischenmenschlich, wie auch medientechnisch.

Summt öfter eine Melodie und entdeckt, welche Tonfolge euch öffnet. Das kann etwas dauern, doch der Erfolg ist es wert.

Die emotionale Aura wird durch eure Tränen ebenso ge-stärkt wie euer kristallklares Lachen. Beides wirkt erleichternd und befreiend. Wendet euch mehr und mehr den lichtvollen Emotionen wie Freude, Liebe, Frieden, Freiheit, Mitgefühl und Vertrauen zu. Haltet all diesen Emotionen in eurem Leben ei-nen gebührenden Platz frei. Auch wenn euch noch eine Weile dunkle Gefühlsgefechte plagen, nehmt euch die Freiheit, immer öfter in diesen Empfindungen zu schwelgen, dann werdet ihr alle Dichte schneller überwinden.

Durch eure wertvolle Sprache könntet ihr euch aufbau-en und liebevoll mitteilen. Das einfache Wort wird immer noch als einfältig und naiv gewertet. Ich möchte an dieser Stelle alle ermahnen, doch die liebevollen Seelen zu erkennen, die nicht mithalten können mit der „modernen" Mainstream Sprache und damit den Fallgruben und Schlingerpfaden ausgeliefert sind, die sich dort auftun. Es gibt wunderbare Herzensmenschen auf eu-rem Planeten, die aus Angst, verlacht zu werden oder nicht die richtigen Worte zu finden, still schwiegen. Lernt, mehr auf eure Empfindungen zu achten, wenn sich eure Brüder und Schwes-tern Ausdruck verleihen. Oft kommt in geschmeidigen und ver-meintlich hochspirituellen Worten eine dunkle Energie daher, die zu euch fließt, obwohl ihr meint, der Sprecher stehe im ganz großen Licht. Ja, geliebte Seelen, hier ist in der Tat nicht alles Gold, was glänzt, und ihr dürft wieder euer Empfinden bemühen.

Die 4. Schicht, der Mentalkörper:

Du bist längst nicht, „was du isst". Du bist, was du denkst. Hast du schon einmal über diese Worte meditiert? Was denkst du gerade über dich, mein/e Liebe/r? Ist dir bewusst, dass dei-ne unzähligen Gedanken meistens das Gegenteil von dem be-wirken, was du dir sehnlichst wünschst?

Schau deinen Körper an – er ist in seiner Gestalt und Erscheinung in erster Linie ein Abbild deiner Gedanken und deiner Liebe zu dir selbst. Du und viele andere – ihr habt unzählige alte Wunden zu heilen, Verletzungen auszukurieren, die in den vergangenen Zeiträumen entstanden sind. Das ist wahrlich Schwerstarbeit.

Nun – alle kosmischen Signale für den Prozess stehen längst auf Grün. Und wenn ihr weitere Dichtegrade überwunden habt, werden auch diese Dinge leichter laufen. Ihr werdet eure physische Form schneller wandeln können, als ihr glaubt. Da ist nämlich der Knacks im Getriebe. Ihr könnt es noch nicht glauben, weil der Mentalkörper bis zu diesem Moment immer noch die Kontrolle über euer Leben und Streben hat, und diese will er so schnell nicht hergeben. Daher dürft ihr euch weiter bemühen, aus dem bewussten Sein zu agieren – also aus der fünfdimensionalen Ebene heraus.

Über den Mentalkörper könnt ihr telepathisch kommunizieren und hellsichtige Bilder aus anderen Ebenen empfangen. Indem ihr euch in Konzentration und Kontemplation übt, können sich die Gedanken ordnen, und der Mentalkörper wird geklärt und gereinigt.

Tönt die Ursilben OM oder AUM (still oder stimmhaft). Das heiligste aller Mantren, der Urlaut OM, aus dessen Vibrationen das gesamte Universum entstanden ist, bezeichnet die höchste Vorstellung von Allem-was-ist. OM ist durch alle Zeiten und Räume mit göttlicher Kraft aufgeladen, die unauslöschlich, unzerstörbar ist. Das Symbol des OM zu betrachten, das durch seine Form heilsam ist, hilft gleichermaßen.

Beruhige deine Gedanken und komme tief in die Verbindung. Dies hat einen positiven Einfluss auf das gesamte Energiesystem. Zentriere dich im innersten Kern, indem du mit der

Quelle verschmilzt. So werden deine denkenden Aspekte aus-
gerichtet, können Frieden finden, und das männliche und weib-
liche Hirn kann sich vereinen.

5. bis 7. Schicht, spirituelle Körper:

Es gibt viele Möglichkeiten, wie ihr die Körper stärken
könnt. Mit allen seid ihr längst nicht vertraut (später geben wir
euch dazu weitere Ausführungen). Wie euch bereits bekannt
ist, haben die Adepten der Tempelschulen vergangener Inkar-
nationen hohe Einweihungswege beschritten, und fast jeder
von euch war selbst einmal dort.

Ihr habt in diesen Phasen nicht nur freudvolle Erfahrungen
gemacht. Im Gegenteil, ihr seid oft gescheitert und musstet die
physische Ebene unverrichteter Dinge verlassen, lange bevor
ihr zum Ziel und zum Zuge gekommen wart. Verletzungen und
Schmähungen, Schocks und Niederlagen habt ihr ertragen, um
dem Weg des Herzens zu folgen. Doch – es war noch nicht an
der Zeit, euer Lebensspiel sollte noch weitere Inkarnationen an-
dauern. Jetzt seid ihr hier, und viele von euch haben beschlos-
sen, dieses Mal ein letztes Mal aufzusteigen.

Lasst Intuition walten und hört auf eure innere Stimme, sie
führt euch. Der Raum, in dem ALL-ES geschieht, ist euer Herz.
Das „Tor von Eden" innerhalb des Herzens, und damit der Zu-
gang zu den multidimensionalen Ebenen, steht euch längst of-
fen. Es wurde mit der Harmonischen Konvergenz für jede Seele
geöffnet. Je mehr ihr euch nun im göttlichen Licht beschleunigt,
desto schneller intensiviert ihr den spirituellen Körper.

Seid gewiss, dass euch die Botschafter der Lichtebenen
treffen werden, denn auch sie haben eine lange Ära auf diesen
Zeitpunkt gewartet. Seid im Vertrauen, dass die Geistige Welt
euch Beistand leistet und die individuellen Fähigkeiten und die

Bereitschaft einer jeden Seele schnell erfassen wird. Wir füh-
ren euch durch die verschlossenen Tore und lichten den Nebel-
schleier, der euch manchmal die Sicht nimmt.

Die Ebenen 8 bis 12

existieren ebenso innerhalb eures SEINS. Doch darüber
später mehr.

Ich segne euch im Namen des Lichts und hülle jeden in die
Vibrationen der göttlichen Essenz meines Strahls!

(Danke Ariel und seiner Engelschar)

Lichtkörperaufbau mit Ariel

Diese Meditation dient der Aktivierung des Lichtkörpers in allen Stufen. Verbinde dich vorab von Herzen mit Erzengel Ariel und seiner Engelschar, die dich liebevoll geleiten.

- *Suche dir einen ruhigen Platz, sitze bequem und entzünde ein Licht (eine Kerze).*
- *Atme gleichmäßig durch dich hindurch.*
- *Dringe tiefer und tiefer in deinen innersten Kern und zentriere dich in diesem Punkt.*
- *Fühle dich in dir zu Hause.*
- *Lass den Atem nach unten in den Erdkern fließen.*
- *Töne leise in dir das OM einige Atemzüge lang und sende es zum Herzen Gaias.*
- *Spüre die Erde, die du als deine Heimat gewählt hast, und lass die Kraft der Erde in dir aufsteigen.*
- *Dann folge in deinem Herzen dem Atemstrom, der durch die Öffnung des Himmelszelts aufsteigt und weiter hoch hinausströmt, bis zur göttlichen Quelle.*
- *Sieh das Licht, das auf dich fällt, und nimm es auf.*
- *Lass beide Ströme zirkulieren und sich miteinander vereinen.*
- *Deine Chakren sind farbige Lichtkugeln, die dein Körperfeld drehend durchdringen. Sie alle werden gespeist vom Atem der Erde und vom göttlichen Lichtstrom.*
- *Sieh, wie deine Lichtkugeln langsam in dein Lichtfeld eingehen und zu einem leuchtenden und pulsierenden ovalen, regenbogenfarbenen Einheitschakra werden.*
- *Lass nun alles, was du zu sein glaubst, vollkommen in das Lichtfeld transzendieren, und übergib dich dem Licht.*

- *Das Licht beginnt sich nun spiralförmig zu drehen.*
- *Du siehst, wie sich das Feld nach oben vernetzt und immer höher hinauffließt. Auch nach unten ist die Bahn ganz frei*
- *Fühle, wie es durch dich pulsiert, wie dein Sein sich ausdehnt.*
- *Sprich und fühle:*
  „ICH BIN Licht in aktiver Verbindung mit meinem göttlichen Aspekt.
  ICH BIN EINS mit der Quelle und dem Planeten Erde.
  Ich fühle meine wahre Göttlichkeit und verschmelze darin.
  Es geschieht jetzt!"

Die 13-Strang-DNA

Viele Zeitalter lang besaßen wir nicht mehr als zwei Stränge unserer DNS-Spirale und fristeten dadurch ein abgetrenntes Dasein auf dem Planeten, ohne jemals wirklich zu wissen, dass wir nach dem göttlichen Design zu etwas Höherem bestimmt waren. Unsere ehemals 12-strangige DNS brachte uns in anderen kosmischen Epochen mit allen Dimensionen in Verbindung, und so war es möglich, durch Raum und Zeit und auf andere Planeten und in andere Galaxien zu reisen. Doch wir selbst kappten schließlich aus einem höheren Plan heraus alle Stränge und beließen nur zwei im System, um den Abstieg und die Dualität in vollem Umfang und Vergessen erfahren zu können.

Im kristallinen Zeitalter jedoch entwickelt sich unsere DNS-Spirale wieder zur uneingeschränkten kosmischen Antenne, für die sie in Wahrheit bestimmt ist. Durch die DNA-Stränge werden die Lichtkodierungen empfangen, weitergeleitet und in die Zellen befördert.

Bereits in den 90ern begann sich eine neue Schicht – die 13. kristalline Helix (Quelle: Kristallmensch) – um die sechs Doppelstränge der DNA zu formen, die nun beide umfängt. Zu dieser Zeit begann auch die Neuausbildung des Lichtkörpers, der nun bei etlichen Menschen hochgeschaltet wurde.

Die neue DNS ist nicht mehr nur physisch sichtbar, sondern sie ist im Quantenzustand – in einer Matrix ohne Raum und Zeit. Durch die 13 Stränge können wir nun unsere körperlichen Anteile mit den geistigen Aspekten verschmelzen. Das genau ist der Kristallkörperprozess.

Das heißt, wir haben oder bekommen damit alle Fähig- und Fertigkeiten, die biologischen-energetischen Voraussetzungen, um uns in einen galaktischen Menschen und kosmischen Meister zu verwandeln. Durch diese weiteren Äste können wir mehr und komplexere Informationen empfangen als bisher, und damit verändert sich unsere gesamte Zellbiologie.

Haben wir früher ein Erdenleben in der Zeitspanne von etwa 70 bis 100 Jahren geführt, stehen uns mit der neuen DNA bis zu 200 Lebensjahre (und mehr) zur Verfügung! Die Neukodierungen haben außerdem einen gigantischen Einfluss auf unser Bewusstsein, das sich immer mehr mit unserem Seelenselbst und unserer Monade (Überbewusstsein/grenzenlose metaphysische Krafteinheit) verbindet.

Im Laufe der kommenden Monate und Jahre (keine Jahrzehnte nach altem Zeitverständnis) wird sich bei allen entwickelten Seelen das Quantenbewusstsein herausformen. Zum Teil ist das bereits jetzt der Fall.

Die Downloads des kristallinen Lichts der Zentralsonne finden den täglich und im Besonderen an numerologisch relevanten Terminen statt. Außer unserer DNS werden bestimmte kosmostrategisch wichtige Portale aktiviert – wie verschiedene Pyramiden zum Beispiel, die seit Jahrhunderten als kosmischer Wissensspeicher dienen. Dorthin werden wir Lichtkräfte, dem inneren Ruf folgend, von der Geistigen Welt beordert.

Die Pyramiden als Energieverstärker übertragen wellenartig neue Frequenzen in eine netzartige Struktur von mehreren Kraftorten, die über den ganzen Planeten verteilt sind. Es werden Kodes freigesetzt, die in die Felder des Planeten einströmen und diese mit einem höheren Lichtquotienten durchwirken. Schließlich werden alle Lebewesen mit den neuen Energien infiltriert – je nachdem, welche Inkarnationsabsicht vorliegt. So setzen sich die Veränderungen sprungartig auf allen Ebenen fort.

Die Kristallkinder oder jüngste Erdenbürger haben diese Kodierungen sowie die 12 Stränge bereits vollständig integriert, denn sie sind die neuen Meisterwesen, die eine großartige Entfaltung der evolutionären Entwicklung triggern.

Worterklärung (Wikipedia):

„DNS – Desoxyribonukleinsäure (auch DNA oder RNS genannt) ist der Träger der Erbinformation in unserem Körper. DNS kommt in allen Lebewesen vor und enthält unter anderem die Gene, die für Ribonukleinsäuren (RNA) Proteine kodieren, welche für die biologische Entwicklung eines Organismus und den Stoffwechsel in der Zelle notwendig sind.

Im Normalzustand ist die DNA in Form einer Doppelhelix organisiert (die Nukleinsäure, ein langes Kettenmolekül aus Segmenten – den Nukleotiden). Jedes Nukleotid besteht aus einem Phosphatrest, einem Zucker und einer von vier organischen Basen mit den Kürzeln A, T, G und C. Innerhalb der Protein kodierenden Gene legt die Abfolge der Basen die Abfolge der Aminosäuren des jeweiligen Proteins fest: Im genetischen Kode stehen jeweils drei Basen für eine bestimmte Aminosäure.

RNA – Ribonukleinsäure ist eine Nukleinsäure, die sich als Polynukleotid aus einer Kette von vielen Nukleotiden zusammensetzt. Im wissenschaftlichen Sprachgebrauch wird Ribonukleinsäure mit der englischen Abkürzung RNA (ribonucleic acid) benannt, wie auch im Deutschen.

Wesentliche Funktionen der RNA in der biologischen Zelle ist die Umsetzung von genetischer Information in Proteine (siehe Proteinbiosynthese, Transkription und Translation), in Form der RNA fungiert sie hierbei als Informationsüberträger. Vom Aufbau her ist die RNA der DNA ähnlich. RNA-Moleküle sind – im Gegensatz zur doppelsträngigen DNA – in der Regel einzelsträngig (allerdings weitgehend intramolekular hybridisiert). Beide sind Polynukleotide, bei denen die Nukleobasen an Zuckern über Phosphorsäureester miteinander verknüpft sind. Die Einzelsträngigkeit erhöht die Zahl der Möglichkeiten für dreidimensionale Strukturen der RNA und erlaubt ihr chemische Reaktionen, die der DNA nicht möglich sind."

Potenzierung der DNS

Suche dir nun einen schönen ruhigen Platz aus und nimm eine entspannte Sitzposition ein. Gehe in Kontakt mit der geistigen Hierarchie und bitte sie um Unterstützung.

- *Komme in dein Herz und atme senkrecht.*
- *Lass alles los – den Tag, die Arbeit, deine Befindlichkeiten.*
- *Befreie dich von allen Gedanken, Sorgen und Wünschen und lass dich tief in deinen Herzraum sinken.*
- *Nimm in höchster Aufmerksamkeit für dich selbst deinen Körper wahr.*
- *Durchdringe dein physisches Herz, bis du zu deinem hellen Christuslicht gelangst.*
- *Gehe durch dieses Lichttor und sieh deinen Herztempel mit den 33 Lichtsäulen.*
- *Schau nach oben und öffne dich für die Lichtübertragung des 33. Strahls aus der zentralen Sonne Alcyone, der direkt auf dich im Mittelpunkt des Tempels trifft.*
- *Du bist nun in einem ausgedehnten (Quanten-) Zustand und ruhst gleichzeitig im kosmischen Herzen (es erfordert etwas Übung).*
- *Sprich aus tiefstem Herzen und in Hochachtung vor dir selbst:*
  „Ich aktiviere jetzt kraft meiner ICH BIN-Gegenwart alle inaktiven DNS-Anteile. So empfange ich all mein Wissen, all mein Können, mein göttliches SEIN aller Räume, aller Zeiten jetzt und hier."
- *Alle Informationen für deine DNS-Aktivierungen fließen über das Licht in dein System.*

- *Fühle das Pulsieren dieser Ströme in dir und um dich herum.*
- *Nimm wahr, wie jede deiner Billionen Zellen von der unsichtbaren Geistmatrix bis in deine DNS durchzogen ist.*
- *Fühle, dass etwas Größeres, als es dein bisheriges Verständnis zulässt, diese Führung innehat. Es ist eine erweiterte Ausdehnung deines Selbst, dein göttlicher Aspekt.*
- *Dieser kennt den Plan genau und aktiviert JETZT die Schaltkreise deiner DNS.*
- *In diesem Licht des ALL-EIN(S) mit deiner göttlichen Matrix geschieht die Wandlung.*
- *Das musst du nicht verstehen, sondern du darfst es zulassen!*
- *Spüre eine Weile in diesen Informationsfluss hinein.*

  ...
- *ES ist vollbracht.*
- *Danke deiner göttlichen ICH BIN-Gegenwart sowie den Erzengeln und Meistern, die dich begleiten.*

Quantum-Transmutation

Ich bekomme mit einem Mal aus heiterem Himmel starke Kopfschmerzen, so, als würde mir jemand mit einer Nadel im Kopf bohren, und ich fühle die Energie fließen (na, noch nicht ganz vielleicht, kommt aber gleich...).

Hallo, liebe Brüder und Schwestern vom Erdenstern, da bin ich mal wieder – euer geliebter Zeremonienmeister und wissender Transformationskursleiter der Neuen Zeit. Natürlich auch der Alten Zeit, doch da habt ihr mich noch nicht so oft gerufen wie in diesen Tagen.

Mein Gott, wie soll ich das nur alles schaffen, ich schufte mehr als ihr, meine lieben Erdenkinder. So hatte ich mir das eigentlich nicht vorgestellt, und ich denke darüber nach, einmal eine längere Erholungspause – einen Urlaub am Strand einzulegen, um in der Sonne zu liegen und Cocktails zu schlürfen und vielleicht hier und da einer schönen Maid meine Aufwartung zu machen...

A: Er pflegt zu scherzen, denn eigentlich liebt er es sehr, mit uns beisammen zu sein, und seine Kräfte sind schließlich unbegrenzt.

SG: Ja, ich bin zur Stelle, um mit euch einige Details der Aktivierungen zu besprechen, die im geistigen Raum für euch vorbereitet wurden. Wie ihr schon festgestellt habt, geht es nun rasch und ohne Umleitungen vorwärts. Wir lassen Informationen durch verschiedene Kanäle fließen, damit ihr sie an breiter Front empfangen könnt. In Kooperation mit meinen geistigen Teams bin ich dabei, euch schnelle und prickelnde Werkzeuge zur Verfügung zu stellen. Andrea (also ich) *konnte allein durch meine Präsenz zahlreiche geistige Hilfsmittel empfangen.*

Alles braucht seine Zeit, meint ihr? Ach was, das ist altlineares Denken, das war gestern. Mittlerweile haben wir mit qualitativ hochwertigsten Lichtfrequenzen zu tun, die für sich schon eine große Modulationskraft besitzen.

Seid ihr OK? Gut, dann kann es losgehen. Bitte anschnallen, die Fahrt wird kurvenreich, und es können auch Bodenwellen auftauchen. Nur für die Ängstlichen unter euch. Die Mutigen dürfen vorne sitzen. Also tauscht schnell noch die Plätze, es gibt ja viele, die erst einmal alles aus der hinteren Reihe beobachten und abwarten wollen.

Mutige also vor. Ja, da seid ihr ja. (Witzelnd)

Ihr seid also jene, die immer „Hier" gerufen haben, sehe ich das richtig? Ich freue mich, euch hier anzutreffen, und ich habe wirklich eine tolle Nachricht für euch, Geliebte.

Wir beobachten euch schon eine ganze Weile und haben uns überlegt, wie wir uns einmal spontan erkenntlich zeigen könnten. (Zu mir: Achtung, hör genau zu, meine Liebe, jetzt kommt es!)

Nun, viele, die in dieser Zeit immer noch in der ersten Reihe sitzen – nicht um die Medaillen zu empfangen, nein! Sie sind hier, um den anderen den Platz vorzuwärmen und manchmal auch monatelang freizuhalten... Diejenigen haben eine besondere Belohnung verdient, meinen wir. Oder etwa nicht?

Wir haben uns für euch auch etwas Wundervolles einfallen lassen, ihr lieben Meister. Ihr dürft nun zuallererst in die geöffneten Schwingungsräume eintauchen und eure Geschenke direkt empfangen. Ich erkläre euch gleich die weiteren Details. Da sich eure Felder und euer Bewusstsein schneller zu drehen beginnen, ist es uns jetzt möglich, ein ganze Reihe von Wahrheiten und Werkzeugen offenzulegen, durch die ihr alle profitieren könnt.

Wie schon gesagt, die an vorderster Front bitte zuerst. Lasst doch das Gedrängel – Brüder, Schwestern –, ihr kommt doch alle dran.

A: Das ist ein Scherzkeks!

SG: (macht unbeirrt weiter...) *Einer nach dem anderen bitte! Ich liebe das, denn ich spüre euren Erwartungsdruck und finde es immer wieder hochspannend, mit diesen urmenschlichen Ernpfindungen in Berührung zu kommen* (freut sich diebisch). *Und gerade deshalb bin ich noch eine ganze Weile mit von der Partie und halte euch die Steigbügel.*
Also, die Türen zu den höchsten Ebenen stehen weit offen, und ihr dürft heute noch hindurchgehen. Ihr fragt euch, wie ihr das nun machen sollt? Nichts einfacher als das. Wir rollen euch den roten Teppich aus, und ihr lauft darüber! Es erfolgen klickende Blitzlichtgewitter, und ihr müsst hier ein wenig lächeln und dort vielleicht winken – wie die Queen in etwa.

A: Ha, ha, ha... wenn das alles war, was du uns heute überbringen willst?

SG: Gemach, gemach, es soll doch spannend bleiben oder? Versteht meine Art zu scherzen bitte nicht falsch, aber nüchtern über Fakten zu sprechen, ist einfach nicht die Art, wie ich mit diesem Kanal in Schwung komme. Und den braucht es ganz kräftig (spielt auf mein Gewicht an...).

A: Na danke, das hatte ich heute nicht erwartet.

SG: Nein, meine Liebe, nimm es gelassen, bitte, ich werde

dir insbesondere weitere Mitteilungen zum richtigen Zeitpunkt hereinbringen, wodurch du erkennst, dass auch du einer mächtigen Illusion erliegst – wie ihr alle. Und du weißt, ich liebe die Beleibteren besonders!

A: Meinen Kommentar schreibe ich hier nicht hin!

SG: Tue es doch!

A: Nein! (Übrigens habe ich bereits einen neuen Text an früherer Stelle eingebaut, denn es geht ja nichts mehr nach Plan hier!)

SG: Plan? Welcher Plan? Ach – du meinst das verworrene, gedankliche Konglomerat, das du mit dir herumträgst? Wie ich sehe, fällt es dir immer noch schwer, es zu entwirren!

A: Hoooach, jetzt reicht es!

SG: OK. Nimm es gelassen.
Also macht euch bereit für einen großen Sprung nach oben und unten, nach vorne und hinten, und öffnet euer Herz und eure Krone weit, damit ihr alle Informationen gut integrieren könnt. Wir geben euch Inspirationen, wodurch ihr direkt in quantenhafte Zustände gelangen könnt – ohne Vorbereitung, schlicht, einfach und praktikabel.
Wo fange ich am besten an? Ganz vorne? Nein, das kennt ihr bereits! Ich beginne ungefähr in der Mitte, beim Karma, bei der Dunkelheit. Ich habe eurer Raunen gehört...
Ihr Lieben, ihr wisst längst, dass ihr euch das Päckchen selbst geschnürt habt und es seit langem hättet abgeben kön-

nen. Nun, ihr wolltet es weitertragen – monate-, jahrelang! Was sollten wir tun? Wir gewährten euch diese Wahl – aus Liebe. Versteht ihr? Jetzt ist der Prozess allerdings so stark in Bewegung gekommen, dass ihr Meister euch nicht mehr erlauben solltet, den alten Ballast mit euch herumzuschleppen. Ihr könntet mit einem Wisch alles Dunkel hinwegfegen, oder mit einer vollen Ladung diese Blockaden in die Drehung bringen.

Wollt ihr das nun tun? Ich höre noch nicht genug Stimmen!

Dem müsst ihr nicht nachweinen – aus der Gewohnheit heraus. Denn was euch in Kürze erwartet, ist so spektakulär und großartig, dass es eure gesamte wertvolle Aufmerksamkeit beanspruchen wird.

Nun lasst uns weitergehen. Ihr alle kennt quantenähnliche Zustände bestens, da diese Ebene eure Heimat ist. Jetzt taucht ihr dort ein, wo ihr Jahrhunderte, Jahrtausende nicht mehr sein durftet. Sonst wäre das irdische (Vergessens-) Spiel jäh zu Ende gewesen. Aber jetzt ist es vorbei. So erinnert euch: Diese Räume waren niemals fern, nein, sie waren immer da. Tief in euch verschlossen. Ganz leicht könnt ihr sie nun über das Tor eures Herzens betreten und sie für euch einnehmen. Erfüllt diese Quantenräume mit eurer Aufmerksamkeit, und ihr spürt deutlich, wie sie sich ausdehnen. Und noch etwas: Wir werden euch führen und unterstützen – jeden von euch, vertraut mir. Denn wir erwarten eure Ankunft bereits an der Schwelle.

Wenn es wissenschaftlich erklärt wird, ziehen sich erst einmal viele aus diesem Raum zurück und meinen: „Das ist zu hoch für uns...", oder „wir sind noch nicht so weit...", oder „wir schalten erst einmal ab, denn Schule ist auch schon eine Weile her..."

Deswegen gibt es verschieden Kanäle, die euch das höhere Wissen einmal häppchenartig und blumig, ein anderes Mal sehr komplex hereinfließen lassen. Versteht ihr?

Vielleicht gibt es einige, die sich mit moderner Quantenfor-schung befasst haben. Dann überfliegt diesen Text und atmet aus. Andere wiederum werden selbst diese Erklärungen mehr-fach lesen müssen, um sie einigermaßen zu durchdringen. Wichtig ist: Atmet dabei bewusst. Mehr braucht es nicht.

Über die Quantenebene tretet ihr mit dem göttlichen Kern in Verbindung. Es sind Räume, in denen sofortige Transformati-on oder auch Manifestation geschehen kann (es bedarf einiger Übung). Das Quantum ist angefüllt mit Quellenergie, die dort in solcher Verdichtung vorhanden ist, dass ihr sie fast mit den Fingern berühren könnt. In diesem Raum dürft ihr zunächst an-kommen.

Die Schwingungen, die ihr generiert, um dorthin zu gelan-gen, sind so hoch, dass sich viele anfangs nicht sehr lange in dieser Qualität aufhalten können und wieder herausflutschen. Doch es werden mehr und mehr Quantenmeister kommen und diese Matrix weiter stabilisieren, sodass es für den Rest der Menschheit dann ein Leichtes sein wird, hineinzufließen.

(Zu mir: Du, meine Liebe, bist auch eine derjenigen, die gezielt die Wege vermitteln, das Halten der Schwingung lehren, damit weitere Seelen folgen können. Was meinst du, warum du dich so begeisterst, wenn du dich diesen Themen öffnest?)

(Ja!)

Ihr spürt es, wenn ihr einen „Meilenstein" erreicht, an dem sich etwas offenbart, das ihr noch nie gekannt habt, und euch befällt eine himmlische Freude. Dann ist gewiss, dass ihr voll in Resonanz seid und gerade eure Potenziale öffnet. Hin und wieder habt ihr vielleicht auch früher diese Ebene gefühlt, und es wurde euch ein wenig schwindelig. Wenn ihr die Energien der Meister kanalisiert habt oder tief im Herzen wart, waren es meistens auch quantenhafte Zustände. Als Kinder war euch eine ähnliche Art Unbeschwertheit und unbändige Freude vergönnt. Leider habt ihr das Gefühl als Erwachsene schnell wieder vergessen.

Initiation:

- Tief im Herzen bekommt ihr Zugang zu dieser Ebene, indem ihr ruhig seid und dem inneren Klang zuhört.
- Schweigt still und dringt zu euch selbst vor, ergründet den Weg zum göttlichen Wesenskern.
- Atmet dabei tief ein und aus und fühlt, wie ihr euch immer weiter ausdehnt.
- Dehnt euch weiter aus – so weit, wie ihr den Raum empfinden könnt. Nehmt alles mit auf, was euch gerade einfällt. Es ist wie kurz vorm Einschlafen, wenn ihr ins Schweben kommt, dieser Zustand bezeichnet es genau – nur dass ihr jetzt in höchster Konzentration seid.
- Lasst nur noch das HIER und JETZT gelten und kommt tiefer und tiefer in diesen Raum-Zeit-Punkt, in das Gewahrsein, in die Verbundenheit.
  Fühlt euch mit der Quelle verschmolzen, mit der Erde, mit der Seele – alles gleichzeitig, alles jetzt.
- Seid euer Körper und gleichzeitig der ganze Raum, den ihr fühlt.
- Ihr seid das Problem, und ihr seid die Lösung.
- Ihr seid, woran es euch mangelt, und ihr seid die Erfüllung dessen. Denn: Ihr seid ALLES-WAS-IST. Erkennt, dass dieses Gefühl an sich unbeschreiblich ist, denn jeder hat seine individuelle Empfindung der Quantenrealität. Fühlt euch wie eine freudige, friedliebende Kinderseele. Wenn ihr bemerkt, dass sich die Energie verschiebt und ihr ein wenig

angehoben werdet, habt ihr es exakt geschafft.

Vielleicht hört ihr plötzlich ein inneres Rauschen oder fühlt euch entrückt. Es können auch andere Phänomene auftauchen. Außerdem könnt ihr gerade euren Körper für einen Augenblick verlassen – wie im Schlaf, wo ihr dies jede Nacht praktiziert. Lasst wirken, was ihr fühlt.

- *Nun braucht ihr nur noch diesen Zustand zu halten und dabei eure ganz speziellen Entscheidungen hineinzugeben.*
- *Formuliert keine Wünsche mehr und kreiert nichts mehr lange. (Anmerkung: Wie es vor einigen Wochen oder Monaten noch üblich war.)*
- *Ihr trefft an dieser Stelle einfach eine Entscheidung, und dann lasst ihr euch in sie hineinsinken.*
- *Haftet euch nicht daran und verstärkt sie nicht, was immer bedeutet, dass ihr euch nicht selbst vertraut. Ihr müsst nichts kontrollieren, denn der Geist schwingt durch euch hindurch. Gebt ihr die Entscheidung einmal mit Absicht in diesen Raum, entfaltet sie sich wie ein Schmetterling, der auf Blüten seinen Nektar findet.*
- *Erwartet nichts, sondern beobachtet (später), wie sich Synchronizitäten zeigen, wie ihr Details wahrnehmt, wie sich das Puzzle zusammensetzt. Oder möchtet ihr blockierte Energien, Dunkel, freisetzen (loswerden)? Dann schaut euch beide Pole der Begebenheit gleichzeitig an. Denn es gibt in Wahrheit keinen Unterschied zwischen Schlecht und Gut, zwischen Dunkel und Licht, zwischen Mangel und Fülle, zwischen Krankheit und Heilsein. Es sind eure illusionären Glaubenssätze, eure illusorischen Kreationen der materiellen Welt und der Dualität darin, die euch davon abhalten zu erkennen, dass alles EINS und immer mit euch verbunden ist.*

Auch dieses TOR dürft ihr nun für euch öffnen, Meister. Jetzt!

Schwingt bei allem, was ihr erlösen wollt, zwischen den genannten Polen hin und her, bis ihr spürt, dass von dem Gefühl oder dem vorherigen Druck oder Unbehagen nichts mehr übrig ist. Dazu müsst ihr euch dem Schmerz, dem Druck, dem Unbehagen stellen. Denn das bedeutet, alle Kreationen anzuerkennen und sich der innewohnenden Schöpferkraft bewusst zu werden. Sonst kommt ihr nicht in den Genuss, diese in vollem Umfang für neue Lebensentscheidungen fließen zu lassen.

- *Gebt die neue Entscheidung in den Raum. Wie gesagt – wir warten hier bereits auf euch, um euch auf die Sprünge zu helfen. Habt also den Mut, eure Altlasten abzuwerfen – jetzt und hier!*

(Wir werden dazu noch eine perfekte Anleitung auf CD kreieren. Darauf freue ich mich jetzt schon. Denn sie (ich) *hat kapiert, wie Schwingungen funktionieren.)*

A: Wow – ich bin geplättet von so viel Ehre!

SG: Im Quantenzustand könnt ihr noch viele weitere Dinge tun – für eure Gesundheit, eure Regeneration, für euer Leben und das der menschlichen Spezies. Je öfter ihr in diesem Raum wandelt, je mehr fällt euch dieses Wissen zu – einfach so. Denn ihr wisst alles, ihr dürft euch nur erinnern.

Im Quantenzustand hebt ihr die materielle Ebene quasi aus den Angeln der überlieferten Glaubenssätze. (Euch geschieht nach eurem Glauben.) Alles ist jetzt.

Stellt euch vor, dass Vergangenheit und Zukunft in diesem Punkt zusammenfließen. Daher könnt ihr auch Dinge plötz-

lich heilen, die in eurer Vergangenheit liegen, oder ihr könnt in zukünftige Räume gehen (bei Prüfungen oder zu bestimmten wichtigen Terminen) und eure segensreiche Energie aussenden – dieses Mal mit quantenhafter Wirkung!

Es wird Künstler unter euch geben (gibt es schon), die später Quantenkunstwerke erschaffen: Musik, Malereien, Filme, Schmuck, Kleidung und vieles andere.

A: Genau! Ich darf an dieser Stelle auf unsere Quantum-Essenzen aus der Regenbogenapotheke verweisen, die ich auch mit Saint Germains Hilfe entwickelt habe. Die Powerkristalle, die Kristallmedien und, und, und. Diese helfen jedem, höher bewusste Zustände leichter zu öffnen.

SG: Es wird eine Menge technischer und elektronischer Erneuerungen geben, die auf Quantenbasis entwickelt werden und wirken. Ihr könnt euch das gigantische Potenzial noch nicht vorstellen, es wird langsam hereinsickern. Quanten-Operationen zum Beispiel. (Du bist eine derjenigen, die bereits darin unterrichtet wurden...)

A: Ich danke vielmals! Ja, ich weiß.

SG: Siehst du, und da ging es dir anfangs nicht schnell genug. Meine Lehre zwischen den Zeilen war heute: Übe dich in Geduld – dies gilt nicht nur für dich, meine Liebe, sondern für alle Seelen, die hier mit uns sind.

Also vorbei mit der Zerstörung eurer wertvollen Körper, vorbei mit dem Organersatz. Die Organe können auf Quantenebene reorganisiert und transplantiert werden! Oh, ich sehe, wie gewisse Industriezweige den Bach hinuntergespült werden.

Liebe Angestellten, schaut euch am besten gleich um nach einer – sagen wir mal – Quantenausbildung. (Zu mir: Noch nehmen sie euch und das alles nicht ernst. Und wenn sie es dann tun, ist es längst zu spät, um diese Energien noch aufzuhalten.)

Zeit spielt ab sofort keine Rolle mehr! Ihr könnt ab jetzt so lange in den Urlaub fahren, wie ihr wollt – es ist euch gestattet.

A: Ab wann soll das gelten?

SG: Meines Erachtens ab sofort!
(Spielt an auf den Fall der Mauer und diesen Spruch von ... Dingsda ... mein GOTT, ist das eine Ewigkeit her!)

Vorausgesetzt, ihr seid im Quantenzustand! Legt eure Uhren ab und lernt, auf eure innere Uhr zu schauen. Sie wird euch immer den richtigen Moment anzeigen. Im Quantenraum seid ihr jederzeit am richtigen Ort, denn auch der Raum als solcher hat hier keine Bedeutung mehr. Jetzt, am Anfang, werdet ihr es noch nicht so deutlich spüren, da es sich erst vollständig öffnen wird. Aber wenn ihr die neuen Erfahrungen durchlauft, werdet ihr grandiose Möglichkeiten erkennen.

Die hohe Energiequalität zeigt sich dann auch in ganz anderer Hinsicht. Alles, was ihr erlebt, entfaltet sich in immer brillanteren Details und lichtvolleren Farbspektren. Es wird euch glatt umhauen! (Darüber sprachen wir bereits in einem früheren Text.)

Ihr werdet im graduierten Zustand sogar in eure vergangenen Leben reisen können – nicht geistig, physisch... Ihr habt richtig gehört, ihr wählt zum Beispiel ein Leben als Pharao oder Priester oder König (zur Abwechslung auch mal ein Leben als Bettler oder als chronisch Kranker – um zu studieren – wohl kein gute Idee?), und ihr taucht dann mit einem Aspekt direkt in einen anderen physischen Körper ein. Das wird eine helle Freude, kann ich euch nur sagen.

Ihr müsst euch heute ganz weit öffnen, um das einfließen zu lassen. (Andrea ist heute gut in Fluss gekommen.)

A: Dankeschön!

Atmet zwischendurch immer mal wieder, denn diese Dinge, die wir hereinbringen, sind wirklich in großer Ausdehnung. Ich hoffe, ihr könnt dies schätzen und beginnt nicht sofort wieder, eure 3D-Zweifel auszubreiten und in die nebulösen Zonen abzurutschen.

Natürlich rede ich hier von einem linearen „Zeitraum" der nächsten – sagen wir – 25 bis 50 Jahre. Das ist sehr kurz, doch ihr werdet erleben, dass es gleichgültig ist, wie viel Zeit vergeht, denn die Zeit wird in den nächsten Monaten rasen und schließlich kollabieren. Ihr spürt es ja im Alltag bereits. Das Zeitkontinuum ist dabei zu zerbröseln. Dadurch trefft ihr viele andere Zivilisationen, wie die alten Urvölker, die Hopi, Mayas, die Azteken, die Inkas oder die Atlanter und Ägypter und viele andere – Schritt für Schritt. Ihr könnt euch eine Weile in deren Leben umsehen und mit einem Stammesältesten die Friedenspfeife rauchen. Da trefft ihr dann auch auf die Ebene, in der ihr nicht mehr altert beziehungsweise euch beliebig verjüngt, später verschönt und noch später beliebig verwandelt.

Na, jetzt halte ich mir aber die Taschen zu, höre ich da raunen? Geliebte, ihr habt vergessen, ich sehe das große Bild, und hier ist es schon geschehen!

Geld gehört dann ganz gewiss der Vergangenheit an. Denn ihr könnt alles manifestieren, sofort im Quantenzustand – wie gesagt, mit einiger Übung und wenn der Raum einmal vollständig aktiviert ist. Da gibt es jetzt aber lange Gesichter bei denen, die sich so eisern daran festgehalten haben ...

Gold ist noch vorhanden, Silber und einige andere Edelmetalle auch, und es sind Qualitäten, die eure Schwingung unterstützen.

Wir beobachten euch von hier, wie ihr so langsam aus der Vergessenheit auftaucht. Und ihr glaubt immer noch, nur wir wären so allwissend. Ihr habt euch täuschen lassen, Geliebte, ihr seid es ebenso.

Und denkt bitte daran zu winken, wenn ihr über den roten Teppich schreitet...

Prost! (macht ein Geräusch wie Champagnergläser)

Das brachte euch euer geliebter Meister und weiser alchimistischer Barkeeper herein.

Ich grüße euch und sende Tausende Quantenküsse!

Euer allzeit für positive Überraschungen sorgender Adamus Saint Germain!

A: Danke, ich bin so happy (es ist 2.15 Uhr) und schwebe jetzt nur noch ins Bett. Bleib bei mir und unterrichte mich im Schlaf weiter...

♥♥♥

Geistige Aufrichtung stärkt die Achse der Aufrichtigkeit

Unsere Wirbelsäule – die vertikale Achse und Antenne in den Kosmos, die Tanzsäule für einfließende Energien, unser Dreh- und Angelpunkt oder auch die „Lanze der inneren Aufrichtigkeit" – ist das wichtigste Körpersegment im Aufstiegsgeschehen. Hier kommen gewaltige kosmische Strömungen herein, verlangsamen sich spiralförmig, um schließlich auf Zellumdrehungsniveau abzubremsen.

Wir spüren nun immer häufiger und heftiger, wie es uns durchzuckt, durchrauscht, und wie sich der Rücken gerade an dieser Stelle schmerzhaft bemerkbar macht und wir hin und wieder aus unserer Mitte gedreht werden. Denn unsere Pranaröhre zieht hier entlang (Kanal des Metatron). Die Lichteinflüsse verschaffen sich Raum, und es sollte ein guter Durchfluss gewährleistet sein. Treffen die Energiemengen hier auf Blockaden, hat das Auswirkungen auf den gesamten Körper.

Bei den Menschen, denen wir täglich begegnen, erkennen wir deutlich schon am Gang, wer innerlich aufgerichtet (durchflossen) ist, und wer sich noch stark bemüht, ES auszuhalten.

Bei jeder geistigen Aufrichtung (oder Begradigung), die inzwischen schon von vielen Therapeuten und Heilern durchgeführt wird, geschieht eins: Durch die energetische Intervention wird der Lichtkanal geflutet und geklärt. Wie von Zauberhand werden Beinlängendifferenzen ausgeglichen, Hüftfehlstellungen behoben und auch Schultern gerichtet (in normalen Fällen). Fast jeder Mitteleuropäer hat mehrere statische Fehlstellungen und kann so eine wichtige Vorkehrung treffen, damit diese sich nicht noch mehr ausprägen.

Mittlerweile wurden die positiven Veränderungen selbst durch Röntgenaufnahmen bestätigt, doch das ist rein äußerlich. Vor allem auf den inneren Ebenen vollziehen sich oft großartige Transformationen in bezug auf die innere Aufrichtigkeit, da das System gezielte Impulse bekommen hat. Mitnichten sind dadurch sofort alle Wirbelsäulenprobleme gelöst. Bei den zahllosen Leiden brauchen die Menschen mehr Erkenntnis, mehr Unterstützung, mehr bewusste Auseinandersetzung mit ihren Themen. Denn alle Probleme in dieser Zeit dienen ausschließlich dem Prozess des Erwachens.

Alle, die ihr Leiden effektiv verkürzen und ihre Lebensqualität wiederfinden möchten, sei hier wärmstens empfohlen, sich NEBEN der ärztlichen Betreuung auch fachkundigen Rat über die energetischen Ursachen der Symptome und deren Erlösung einzuholen!

Fast bei jeder Heilsitzung, in der Meditation und im Heilschlaf ist dieser Kanal nun aktiv in Durchflutung. So geschieht es häufig, dass wir nach solchen Terminen auf(er)stehen (wollen) – und nichts geht mehr. Steife, Frösteln, Zittern, Ziehen, Schmerzen sind nur einige der Symptome kurz nach einer Heilintervention. Später lösen sie sich Gott sei Dank alle wieder in Luft auf und weichen dem wohligen Gefühl, durchströmt zu sein. Die Systeme sind hochaktiv in der Wandlung, und das ist deutlich zu spüren.

Die Wirbelsäule – die Lanze des Michael – ist unsere Antenne in die höheren Ebenen, denn wie sollte die kosmische Energie sonst in den Körper gelangen?

Ich höre das Ächzen und Stöhnen der Frauen und Männer mit einer gewissen Befriedigung, denn so weiß ich, dass die Energien auf der Körperebene ordentlich gewirkt haben.

Sorry, ihr Lieben! Alles geht schneller vorbei, als ihr glaubt, versprochen!

Trauminitiation

Als ich (vor einigen Jahren) abends wieder einmal einige neu entdeckte Techniken ausprobierte, entdeckte ich auch spezielle Kopfpunkte für die Öffnung des Geistchakras (danach habe ich sie leider nie wieder gefunden). Mit speziellen Klopftechniken, Lichtübertragungen und Akupressur öffnete sich mein geistiges Zentrum weit. In dieser Nacht hatte ich dann einen Traum der ganz besonderen Art oder ein sogenanntes „Flash Light":

Ich reiste durch meinen Körper – durch die Organe, Gefäße, Blutbahnen, Nervenverästelungen, durch das Herz, und ich konnte nicht aufhören, über das Wunder dieses komplexen wie reibungslos funktionierenden Organkreislaufs zu staunen.

Nun, es war keine Reise, bei der ich mir alles beschaulich ansehen konnte, um unterhalten zu werden. Nein, es war eine mit allen Sinnen erlebte, ganz plastische Körperreise. Sie entführte mich in die Weiten meines inneren Kosmos, und mir wurde dabei klar, dass mein Körper eine gigantische Bio-Antenne ist. Sozusagen ein Umschlagplatz für alle herein- und herausfließenden Informationen, Frequenzen, Energien. Er ist ein bis ins Detail komponierter und ideal konstruierter Mikroskosmos, der immer mit seinem Konstrukteur in Verbindung zu stehen scheint.

Ich reiste also durch mein inneres Universum. Nein, ich wurde gebeamt! Mächtiges Rauschen und Dröhnen erklang, es gab schallende Durchbrüche und unzählige verschlüsselte Botschaften, Töne, Signale, Laute, die mit dem Rauschen als Trägermedium den Transit durch meinen Körper nahmen. Ich durchdrang immer neue Räume, Welten, in Lichtgeschwindigkeit. Alles rauschte nur so an mir vorbei, und ich sauste hindurch. Ich nahm die Leitbahnen als Verbindungsstraßen wahr, die Gefäße als eine Art Lichttunnel, die Organe als Schauplätze von irdischem und außerirdischem Geschehen.

Als ich – mittlerweile im halbwegs bewussten Zustand (ich wollte diesen Traum um Himmelswillen nicht vertiefen) – feststellte, dass ich gerade parallele Wirklichkeiten erlebte, landete ich urplötzlich.

Ich konnte eine weite, endlose Ebene erkennen – unendliches Licht, wohin meine Augen reichten, nichts als Licht (ich fragte mich, ob das jetzt schon der Tod sein sollte...).

Ich wartete, nahm wahr und wartete...

Da sah ich vor mir ein riesiges Antlitz – wunderschön, ebenmäßig mit sanften Zügen, weichen Lippen, ebenmäßigen Brauen, braunem, lockigem Haar, das über die Schultern fiel.

Und in diesem Moment erkannte ich ihn. Es war Christus! Ich war überwältigt und wollte nichts anderes mehr, als ihn immerzu ansehen, ihn atmen, mit ihm sein, in seinem Licht baden. Ich sah ihn an und wusste, dass ich ihn schon Äonen kannte, Äonen liebte, Äonen lang suchte, fand und wieder verlor.

Er war irgendwie Frau und Mann zugleich und so wunderschön, so einmalig präsent, so mächtig und liebevoll, wie ich ihn später niemals wieder gesehen habe. Er hielt lange Zeit seine Augen geschlossen, wie um mich zu schonen, mich erst langsam an all das zu gewöhnen. Ich war jedoch erstarrt und zerschmolzen, scheinbar alles zusammen, und ich dachte nur daran, wie ich dieses Erlebnis all den Menschen erzählen sollte.

Ich – ich – ich – habe ihn erlebt! Habe ihn mit eigenen Augen gesehen, mit meinem Herzen gefühlt und mit jeder Faser meines Seins geatmet.

Christus öffnete seine Augen. Finen Moment – und ich war geblendet von seinem Licht, das wie Laserstrahlen aus beiden Augen drang. Es erfasste mich, und ich weiß nicht, was dann geschah. Viel später spürte ich seine Macht und Kraft, seine Göttlichkeit und sein liebendes, umhüllendes Wesen.

Ich weiß nicht, ich glaube, in diesem einzigen Moment wollte ich (im Traum) nur noch sterben – die Erde, das Leben verlassen, nur noch mit ihm ziehen.

Meine Tochter war zu dieser Zeit noch klein. Ich dachte natürlich an sie, was sie ohne mich tun würde, und es zerriss mir das Herz, auch nur in Erwägung zu ziehen, sie mutterseelenallein zurückzulassen.

Ich sah eine gigantische Korona aus Licht um ihn, in welcher Myriaden von Wesen schwebten, die irgendwie seinen göttlichen Leib umfingen, der, in Schleier gehüllt, durch das Universum glitt – es war so kosmisch, so göttlich, so überirdisch, dass ich mich darin verlieren konnte. Ich war tief ergriffen, durchflutet, und mir war so leicht und fröhlich zumute.

Fast zehn Jahre ist es her, dass ich dies geträumt habe.

Danach waren in mir mit einem Mal alle Zweifel, alle Schleier gelichtet, die mein Wissen um unsere göttliche Verbindung damals noch überschattet hatten. Ich war ein großes Stück durchlichtet und geheilt, was meine Erinnerung und meinen Glauben an ein Sein nach dem irdischen Leben anbetraf.

Jetzt, nach vielen Jahren der spirituellen Arbeit und des Erkennens und Erfahrens, weiß ich: Es war die erleuchtendste Initiation durch Christus, die ich je erhielt, und ich danke aus tiefstem Herzen und in Demut heute und hier dafür, dass mir diese Gnade zuteil wurde.

Nun kann ich dich, liebe Seele, auf diesen Seiten daran teilhaben lassen.

♥♥♥

Christus-Meditation

- *Öffne dein Herz und atme senkrecht hoch und tief, im Bewusstsein des Christus auf Erden.*
- *Dringe tiefer in deinen Herzraum vor und sieh das strahlende Licht.*
- *Öffne deine Felder und empfange das Licht des Christus.*
- *Öffne dein Sein und empfange dein göttliches Selbst auf Erden.*
- *Durchschreite das Lichttor des Christus innerhalb deines Herzens.*
- *Kehre ein in deinen Herztempel und lass die geistigen Sphären auf dich wirken.*
- *Empfange alle Wesen, die dich begleiten wollen. Nimm wahr, wie sich dieser Raum füllt und recht bald ein buntes Gewimmel aus Farben, Lichtpunkten, Lichtstrahlen und Formen in Bewegung entsteht. Sie rauschen alle herbei, die kleinen und großen Wesen, die erhabenen und die weisen Meister, die erfahrenen und wissenden Ahnen, die jungen Engel und die großen, mächtigen Erzengel...*
- *Hörst du das leise Wispern? Hörst du die Schellen, die ganz fein und himmlisch erklingen? Es ist die Sprache der Engel, die sich vorerst zart anmelden, um dich nicht zu erschrecken! Oh, sieh nur, wie liebevoll sie dich umhüllen... Einer bringt dir seinen Schleier, ein anderer einen großen Blumenkorb voller Rosen, einen goldenen Schlüssel ... und noch vieles mehr. Schau genau hin, und du erkennst die himmlischen Geschenke.*
- *Die Engel lieben es, mit dir zu sein. Sie halten dich in ihrem Strahlen umfangen und staunen sehr über dein Leuchten, das in diesem Moment so deutlich hervortritt.*

- *Wenn du bereit bist, werden sie dich jetzt mit ihrem Licht durchströmen.*
- *Bist du bereit? Dann antworte!*
- *Da! Flatternd erscheint eine weiße Taube hoch oben am Gewölbe der Tempelhalle, das sich in den Äther öffnet. Dir werden in diesem Moment Ausblicke auf das Universum gewährt, wie du sie lange nicht gesehen hast.*
  Die Taube flattert einige Runden innerhalb des Tempels, gerade so, als müsste sie sich zunächst ein wenig zurechtfinden. In ihrem Schnabel trägt sie einen weißen Briefumschlag. Dann schwebt sie mit wenigen Flügelschlägen rauschend an deinem Ohr vorbei.
- *Du schaust die Taube an, und die Taube blickt zu dir. Solche blauen, kristallklaren Äuglein hast du noch nicht gesehen. Sie sind wie blinkende Perlen, klar und rein. Die Taube legt dir den blütenweißen Umschlag zu Füßen. Der Umschlag scheint selbst zu strahlen, du erkennst ein helles, türkisfarbenes Licht.*
- *Die Heerscharen warten, bis du das Schreiben an dich nimmst und den Brief öffnest. Brich das goldene Siegel und entfalte die Botschaft darin. Was steht dort geschrieben?*
- *Wenn du die Botschaft lesen konntest, dann lass sie auf dich wirken. Hast du nichts präzise erfahren, spüre einfach in die Mitteilung hinein, denn sie muss nicht immer in Worten erfolgen. Oft sind es anders geartete Energien, die so zu dir fließen, weil du durch die ausgewählten Frequenzen neue Räume in dir öffnen kannst. Das hattest du in einem höheren Raum deines Selbst mit den geistigen Helfern vereinbart, und nun sind sie erschienen, um der damaligen Vereinbarung Folge zu leisten. Sie freuen sich sehr, dass du dich nun daran zurückerinnerst, und das Vibrieren geht*

sofort in deine Felder über – spüre mal hinein.

- *Die Engel strahlen wunderschön und erhaben, denn je mehr sie sich freuen, desto stärker leuchten ihre Farben. Sie sind sehr groß und in ihrer vollkommenen Präsenz göttlich. Einige Gesichter kannst du vielleicht schon erkennen, da die Welten der Erinnerung langsam in dir durchschimmern.*

Manchen der Meister, die vor dir stehen, hast du bereits auf Bildern gesehen, andere kennst du noch nicht. Doch alle sind hier, weil du auf die eine oder andere Art mit ihnen in Resonanz bist. Sie alle sind deinem Ruf gefolgt, den du aussandtest, als du dich auf diese Reise begeben hast. Nun ist es an dir, vorzutragen, was du in diesem Raum gerne erlösen und in dir heilen möchtest.

- *Du spürst, dass sich die Farben verändern, und es ist ein fernes Rauschen zu hören. Erst leise, dann immer stärker.*

- *Du nimmst Gold wahr, alles hier ist plötzlich in Gold getaucht! Der ganze Tempel, du selbst, deine Hände, deine Kleider...*

- *Da erscheint Christus in seinem höchsten Licht. Mit ihm ist Maria, die einen blauen Schleier trägt. Eine anmutige Gestalt zeichnet sich ebenso in seinem Schein ab: Lady Nada, die ihr Strahlen in goldschimmerndem Rot ausdehnt.*

Christus ist so kraftvoll, dass es dir fast den Atem verschlägt und du dich zuerst einige Zeit an diese goldene Energie gewöhnen musst.

Er lächelt in seiner grenzenlose Liebe, die dich auf allen Ebenen berührt! Er ist so unfassbar, so wundervoll, dieser Moment, nicht wahr?

Du bist in seinem Licht geborgen. Und er spricht zu dir mit einer Stimme, die bestimmt und gleichzeitig liebevoll erklingt:

„Ich bin EINS mit dir, und so bist du EINS mit mir. Lass in diesem Augenblick die Ströme deines Herzens frei fließen und füge dich ein in den göttlichen Liebesstrom, von dem du dich vor so langer Zeit abgetrennt hast!"

- *Du spürst, wie deine Felder schwingen, wie du dich selbst hochschaltest, um in die Energie des Christus zu fließen...*

„Auch wenn du dir längst nicht im Klaren darüber bist, geliebtes Wesen, was in diesem Moment geschieht, so vertraue deiner dir innewohnenden Weisheit, die dich hierhergeführt hat", betont er.

„Du bist jetzt im Strom der göttlichen Gnade auf Erden, den ich für dich geöffnet habe. Lass dir Zeit, um das hohe Licht zu empfangen und schließlich alles in dir wieder zu beruhigen.

Du bist aus einem bestimmten Grund in diesem Raum. So sprich jetzt mit klarer, fester Stimme: Was ist dein Anliegen?"

- *Spüre in diese Welten hinein. Hier gibt es keine Zeit und keinen Raum. Du entscheidest vollkommen frei, was du tun möchtest. Und wenn du das Gefühl hast, noch nicht bereit zu sein, dann verweile hier und atme so lange, wie du es für richtig erachtest.*

- *Noch etwas zögerlich trittst du vor Christus und formulierst dein Anliegen. Sei dir sicher, dass es die geistige Hierarchie gemeinschaftlich empfangen hat.*

- *„Liebes, ich habe vernommen, worum es dir geht!", spricht Christus. „Nun begib dich in meinen Liebesstrom, um deine Antwort zu empfangen".*

- *Du spürst das Gold, seine große, grenzenlose Liebe, und es wird dir warm ums Herz. Du spürst, wie du dich immer weiter öffnest und mit den Energien des geliebten Gefährten verschmilzt.*

- *Seine Botschaft steigt in dir auf, und du kannst seine Hilfe in jedem Aspekt deines Seins fühlen. Dehne dich aus! Spüre dich tiefer und gleichzeitig weiter.*
- *Du veränderst dich jetzt. Empfindest du es schon? Lass es zu, denn in diesem Fluss kann sich dein Sein vollkommen strukturieren und in eine neue Ebene gelangen. Daher ist es für dich angemessen, eine Weile in der Verbindung zu bleiben.*
- *Atme in diesen Raum, dem du dich geöffnet hast, und gib dich hin.*
- *Wenn du das innere Signal bekommst, verabschiede dich dankbar und demutsvoll von Christus, deinem Bruder und Gefährten, sowie von der geistigen Hierarchie.*
- *Sieh ihnen nach, wie ihre Farben langsam verblassen, ihre Lichter aufsteigen...*
- *Du hast All-ES bekommen, was deiner Entfaltung in diesem Moment dient. Und so kannst du alles loslassen und zurückkehren.*
- *Finde langsam zurück in deinen Leib und beobachte, wie sich alle Energien auf physischer Ebene integrieren. Dafür braucht es eine Weile, da die Körperenergien viel langsamer drehen als die hochfrequenten Ströme der geistigen Sphären. Es ist alles initiiert. Kontrolliere nicht weiter die alten Muster, sondern vertraue dir und deinem Prozess, den deine höheren Ebenen anschieben und lenken.*
- *Öffne erst die Augen, wenn du wieder vollkommen im Hier und Jetzt bist.*

♥♥♥

Die himmlische Post

Vor einigen Tagen bekam ich wieder einmal eine neues Werkzeug geschickt (es taucht auch in diesem Buch auf). Das geschieht meistens über Nacht. Es kommt mit der kosmischen Lichtpost als Eilsendung, und ich nehme natürlich alles entgegen.

(Oh, ich darf noch eine Botschaft überbringen!)

Diese Zentrale also, die dort oben existiert, steht voller Sendungen – Pakete, Päckchen und Briefe –, die restlos ungeöffnet sind. Ihr solltet sehen, wie sie aussehen ... so goldig. Ich sehe gerade die Bilder, während ich dies mitteile: Manche in Zartblau mit Schleifchen und einem Engelsflügel daran. Andere wieder als ein kleines rotes Herz, dann gibt es auch AKTEN – jawohl. Große Hutschachteln gibt es sogar und Schmuckschatullen. Mit Schnitzereien verzierte Holzkästchen, in denen sich Kristalle, Perlen, manchmal auch Sand, Asche, Knospen und Räucherharze befinden. Dann gibt es Duftbriefe mit Veilchen- oder Rosenduft (diese mag ich besonders). Sie werden mitunter von weißen Tauben überbracht (sie flattern weiter hinten).

Oft sind sie zweimal gefaltet, und es stehen nur wenige Worte darauf oder ein kleines Gebet. Diese kommen öfter von den Aufgestiegenen Meistern oder Meisterinnen. Von ihnen kommen auch viele Symbole, die uns rückverbinden oder eine bestimmte Einweihung zuteil werden lassen.

Die Sendungen der Priester aus Atlantis zum Beispiel. Das sind Goldkassetten oder schwarze Kassetten mit goldenen Verschlüssen. Goldfarbene Helme und schwere Geschmeide, dicke Bücher mit gravierten Metalleinbänden usw.

Dann kommen die Sendungen der planetaren Hierarchien. Das sind die Zwergenkörbe oder -kistchen, irdene Scherben und Stöckchen, Silberstücke und Goldtaler sowie andere Gaben, zum Beispiel aus den Steinreichen und den Tiefen der Erde. Darin sind oft Mineralien, Runen, Steine oder in Tüchern eingeschlagene Geschenke.

Die der Elfen sind wie durchsichtige Briefe, mit Blättern und Blüten verziert, Wassertropfen in Blütenblättern als Essenz für unsere Genesung, aber auch ganze Blüten kommen daher oder bestimmte zarte Federn. Und manchmal blasen sie uns Pusteblumen ins Gesicht – das lieben sie besonders (wie jetzt zum Beispiel), und ich höre ihr helles Lachen, während sie auf Rankenschaukeln durch die Blätter der Bäume schwingen.

Die Feen bringen zart wehende Tücher und leichte Düfte, in die sie uns hüllen, Blüten und Perlen und vielerlei Traumschmuck aus goldenen oder silbernen Ranken mit Tautröpfchen und Glitzersteinen, mit blinkenden Spiegelperlen oder verschlungenen Ornamenten, Gewänder, Mäntel und Umhänge, Diademe und Kronen, Armreifen und Ringe, Feenstäbe und Sterne und, und, und.

Die Kristallkinder schenken uns literweise kristalline Empfindungen – ich nenne es mal das „WOW-Prickel – über längere Zeiträume hinweg (innerhalb einer Meditation). Sie bringen manchmal Knistern und Blubbern herein oder machen ungehemmt Seifenblasen, kippen uns tonnenweise kristalline

Murmeln aus, sodass wir darauf ausrutschen, und lachen sich schräg dabei. Sie sind so kraftvoll und auch witzig. Oft kommen sie in ihrer überbordenden gute Laune herein, dass es uns die Schuhe auszieht und wir tanzen und uns bewegen wollen.

Die Zauberer hingegen bringen ausgefallene Hüte mit, die eine bestimmte Funktion haben (senden viele andere auch) – Zauberstäbe, Stäbe der Macht, ebenso wie glühende Zauberringe mit interessanter Wirkung, bestimmte Kristalle, aufgeladene Goldmünzen mit Symbolen und speziellen Kräften. Und natürlich reichen sie uns hin und wieder einen Zaubertrank, von dem wir in Ohnmacht fallen (bleierner Tiefschlaf) oder wie gelähmt sind (handlungsunfähig), plötzlich überdurchschnittlich klar sehen (Hellsicht) oder uns etwas in die Beine fährt, damit wir stehen bleiben. Durchaus sind darunter auch leichtere Psychodrogen (Kopfdruck zum Bersten), um uns für bestimmte Öffnungen und Hochschaltungen zu aktivieren.

Es gibt auch die Sendungen der Ahnen. Diese bringen uns Bilder, Familienchroniken und alte Bücher herein, die uns im Unterbewusstsein an Situationen und Begebenheiten erinnern sollen, die wir durchlebt haben. Die Geschenke der Tiere: Ja, sie sind es, die uns etwas aus ihren Reichen überbringen, das verbunden ist mit irdischen Kräften – es sind Zähne, Knochen, Haare, Federn usw. Sie zeigen sich auch selbst überlebensgroß in ihrer ganzen Kraft und Schönheit.

Die Sendungen der Erzengel hingegen fallen immer sehr opulent aus und liegen auf einer ganz anderen Ebene. Es sind ganze Räume voller Heilstrahlen, gigantische Blütenmeere, riesige leuchtende Facettenkristalle, die wir positionieren können, oder ein himmlisches Geläut, Sirenen und vieles andere mehr. Sie schicken uns Sphären aller Art und großen Lichtsegen. Sie öffnen mit uns Sternentore und neue Ebenen...

Die Mönche senden uns Mantren, Zenworte und Symbolzeichen oder tief tönende OMs, die vibrierend in den Gängen ihrer Kloster und unseren Träume verhallen.

Die Schamanen der Urvölker erkennen wir an den Trommelrhythmen und Urlauten, die sie ausschicken, oder auch an Amuletten oder Kriegsutensilien, an Fellen zum Umhängen, die wir auf neue Art geistig nutzen können, und an ihren Macheten, Bögen, Pfeilen und Speerspitzen.

Doch auch die Hexen, Magier und Kräuterfrauen schicken uns ihre Grüße: als Elixiere, Rezepte, geistige Tipps und selbst als Überlebenstricks, als dunkle Siegelringe oder Silberlinge...

Am Süßesten sind die Geschenke der Puttenengel – bunte, kristalline Murmeln und seltene, kleine besondere Kristalle, kleine Federn, Blüten und Blümchen, Engelslichter, kurze Duftbrisen und Schellenklänge ... aber auch Herzchen in allen Variationen und runde Kissen, auf die wir unser müdes Haupt betten können.

Und am Morgen ist es dann da – das Geschenk der Engel.

Anhang

Pendel-Skalen

Hier kommt der Anhang für die entsprechende Pendeltafel aus dem Buch Lichtkörpersymptome Band I, da ich danach öfter gefragt wurde. Ich gehe jetzt einmal davon aus, dass du es gelesen hast.

Für einige Zeit noch, bis jeder gefühlsmäßig genau erfassen kann, welche Schwingung die Dinge haben, helfen uns diese wertvollen Pendeltafeln (Vital-Resonanz-Skala in Band 1 und rechts Prozenteskala).

In der hohen Schwingung dieser Zeit dürfte es jedem immer leichterfallen, mit Pendel oder Tensor Testungen durchzuführen. Mit dieser Skala können die Werte der energetischen Veränderungen leicht nachvollzogen werden.

Ich habe seit vielen Jahren eine große Sammlung verschiedener Skalen und kann so sehr schnell auch bei anderen Menschen, Tieren, in Räumen oder auf Plätzen messen, welcher Energiewert vorliegt. Anhand solcher Messtabellen können wir vor allem unsere eigene Weiterentwicklung nachvollziehen und feststellen, wie geschwächt Organe sind und was ihnen hilft, wieder zu heilen. Wir können sehr genau sehen, inwieweit sich bestimmte Praktiken, die wir durchführen, auf unser Energiefeld oder unseren Körper auswirken. Sehr schön kann man dabei auch unterscheiden, welche Lebensmittel eine gute Schwingung (also in sonnengereiftem Zustand und frisch) haben oder eben eine niedrige (zum Beispiel Pestizid-, Herbizidbelastung oder Mikrowellenkost). Wir können das Wasser testen, in das wir verschiedene Informationen geben können, damit wir immer in guter Energie sind, oder das Wasser, das wir trinken, austesten, sowie alle Mittel und Essenzen.

Diese Vital-Resonanz-Skala ist auf der Grundlage der veralteten Bovis-Skala entstanden. Die Energiewerte der Lebewesen und Kraftorte sind durch die kosmischen Einstrahlungen stark angestiegen, und so kann nun diese hier behilflich sein.

Die Prozenteskala kann auf jedes Thema wie auch für den Test der Elemente verwendet werden. Genauso kannst du auch fragen: Wie ist mein Vitalstatus/der Status von irgendetwas.

In einem späteren Pendelbuch werde ich diese genauer erklären. Oder du besuchst einen Pendelkurs der Neuen Energie bei mir?

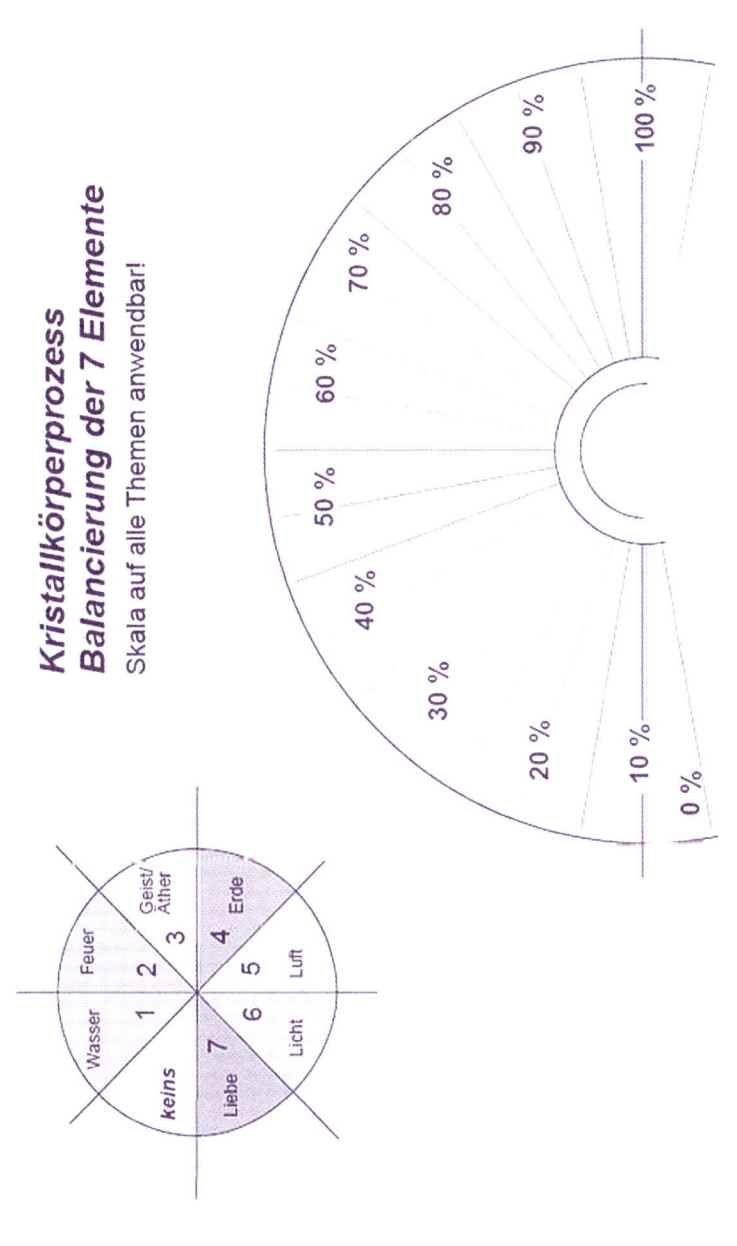

Kristallkörperprozess
Balancierung der 7 Elemente
Skala auf alle Themen anwendbar!

Die Auflösung des Zeichens

Die Auflösung des Symbols, das du aus deiner Intuition fertigstellen konntest, ist ein altes biblisches Symbol, das uns überliefert wurde. Es ist ein Geheimzeichen der Christen.

Doch natürlich nimmt es auch auf das Wassermannzeitalter Bezug. (Die Symbole werden transformiert, erinnere dich. Es ist garantiert kein ZUFALL, dass es in dieses Buch hineinwollte! Es wollte ganz am Ende stehen.)

Vieles können wir mit diesem Symbol verbinden, und vielleicht erzählt uns Christus mehr darüber in Lichtkörpersymptome Band 3, wer weiß? Diesen wird es geben, wenn ich Räume voller neuer Energie aufgetankt habe und sofern dieser „Plan" eingehalten werden soll.

Das Fischlein als uraltes Symbol des Christus ist tief im Unterbewusstsein des Menschen verankert und bewegt deine Erinnerung in diesem Moment. Konntest du es vollenden?

Jesus ist die griechische Form des hebräischen Jehoschua (Joshua) und bedeutet „Gott rettet".

Christus ist ein Titel oder, besser, eine Graduierung und kein Name. Griechisch bedeutet „Christos" = Gesalbter.

Könige, Propheten und Priester wurden durch Salbung – Öl auf den Kopf gießen – in ihr Amt gehoben. Auf hebräisch heißt es „maschiach" (Messias).

Gottes Sohn: Jesus ist der Sohn des lebendigen Gottes, der Retter und Erlöser.

In diesem Symbol steht mitunter auch das Wort Ichthys auf Griechisch. Das bedeutet:

Jesus Gottes Sohn, Erlöser	{**I** esous}
Jesus	{**Ch** ristos}
Christus/der Gesalbte	{**Th** eou}
Gottes	{h **Y** ios}
Sohn	{**S** oter}

Nachbetrachtung

Uff, geschafft! Das war wieder einmal ein interessanter Prozess! Ich bin nun sehr froh, so kurz vor meiner Ägyptenreise im vollen Strom doch alles geschafft zu haben. Punktgenau!

Es warten weitere interessante Lebenseindrücke auf uns, die ich gerne später mit dir/euch teilen möchte. Denn wie du schon in meinen anderen Büchern erfahren konntest, sind wir niemals umsonst an solchen Orten.

Lies doch hin und wieder in www.omspirit-magazin.de nach. Auf den Seiten unseres online-Magazins, für das ich zuständig bin, gibt es die Specials und Aktuelles über spirituelle Ereignisse in ganz Deutschland und darüber hinaus. Vieles tragen auch andere Autoren bei, und vor allem gibt es immer wieder neue Wellen voller schöner, sprudelnder Energie. Daran kann sich jeder berauschen, wenn er mag.

Vielleicht treffen wir uns ja im nächsten Buch wieder? Ich würde mich sehr freuen, denn es hat auch mir Spaß gemacht, so an deiner Seite zu sein. (☺)

Schau doch vorbei! Du weißt schon – wir sind EINS, also bist du mir ganz nah!

Adé und segne dein Leben!
Lichtkristalle und Quantenstaub,
Andrea Kraus

Andrea Kraus
Lichtkörpersymptome, Band 1
Du bist nicht krank, du steigst auf!
256 Seiten, gebunden, mit Leseband
ISBN 978-3-941363-65-6

Im Zuge der Zeitenwende verändert sich unsere Welt und wir selbst uns dramatisch. Dem Bewusstseinswandel folgt schließlich die Transformation des physischen Körpers und endlich auch die des gesamten Umfelds. Natürlich verläuft dieser Prozess nicht ohne „Lichtkörpersymptome". In diesem Buch werden neue, wunderbare spirituelle Techniken und alternative Möglichkeiten dargestellt, um die Symptome effizient zu transformieren.
Die Autorin sprengt mit ihrem Buch viele Grenzen, doch wer diesen „Schatz" hebt und sich vorbehaltlos den Dingen öffnet, die sich aus der geistigen Sphäre offenbaren, hat Courage, festen Glauben an den Wandel und einen unglaublich streitbaren Geist.

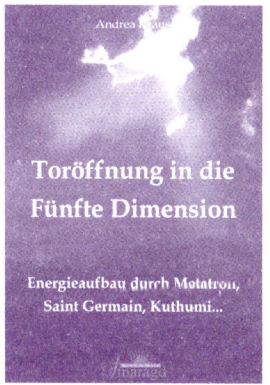

Andrea Kraus
Toröffnung in die Fünfte Dimension
Energieaufbau durch Metatron, Saint Germain, Kuthumi...
272 Seiten, A5, gebunden, mit Leseband
ISBN 978-3-941363-18-2

Immer spannender werden die Herausforderungen in der Phase des Übergangs in ein neues Zeitalter, das wir spätestens am 21.12.2012 erreicht haben. Kein Wunder also, dass viele Menschen aufgrund dieser Umwälzungsprozesse ins Bodenlose stürzen. Und ihre Fragen werden immer dringlicher:
Und da ist sie – die Hilfe aus der Geistigen Welt: Die Aufgestiegenen Meister, weise Priester und Erzengel stehen uns zur Seite und führen uns durch die Dschungellandschaften des Chaos und der Zusammenbrüche. Ganz konkret nennen sie uns Möglichkeiten und Techniken, mit denen wir uns selbst helfen können, unsere Gefühle zu heilen, um schließlich Schritt für Schritt in ein erfülltes Dasein zu gelangen.

Wiltrud Miethke
Quantenzauber
Brücke zwischen Spiritualität und Wissenschaft
336 Seiten, A5, gebunden, mit Leseband
ISBN 978-3-941363-76-2

Zeitenwende 2012 – QUANTENZAUBER beschreibt nicht nur, warum die Welt nicht untergehen wird und was an den Maya-Prophezeiungen ernst zu nehmen ist, sondern erklärt die verblüffenden Zusammenhänge von Spiritualität und Quantenphysik.Es ist sicher, dass auf zellulärer und galaktischer Ebene etwas Wichtiges mit uns Menschen geschieht, denn die Zeit ist reif. Ob wir für die Zeit reif sind, ist eine andere Geschichte.

Wir sind mitten im „Zeitfenster" zu einer anderen Welt, in der wir verstehen werden, auf welches gigantische Spiel wir uns eingelassen haben. Und wie wir damit leben und unser Leben dennoch genießen können.
Damit wir als Sieger und nicht als Verlierer aus diesem Spiel hervorgehen.

Heidrun Siebenhofer
Die Neun-Stufen-Seelenheilung
144 Seiten, A5, broschiert
ISBN 978-3-941363-80-9

Der Aufstieg der Menschheit und der Erde hat begonnen. Und die Menschen, die die lichtvollen höheren Energien in sich integrieren wollen, brauchen die Herz-Seelenverbindung, um alte Wunden, Muster, Blockaden, Erfahrungen und ungeklärte Emotionen ein für allemal aufzulösen. Auf diesem Seelenweg der Heilung können uns Einhörner mit ihrer feinen Sternenenergie unterstützen.

Die Energie dieser wundervollen Geschöpfe kann andere Therapien hilfreich ergänzen. Jeder Mensch hat schon viele Leben gelebt, und jedes Leben hat seine Spuren in der Seele hinterlassen. Diese, so sie belastend sind, gilt es daher, in der Seele in Licht umzuwandeln, damit diese wieder zu dem leuchtenden klaren Stern wird, der sich seiner Verbindung mit den himmlischen Kräften und Lichtwesen bewusst ist. Zu dem Licht, das er immer war, ist und sein wird.

Patrizia Alexandra Pfister
Die göttlichen Schrifttafeln
Band 1: Auf dem Herzweg
360 Seiten, Großformat, gebunden, mit Leseband
ISBN 978-3-941363-72-4

Der Weg ist das Ziel. Diesen Satz hört man in der spirituellen Welt immer wieder. Auf diesem Weg gibt es aber Etappenziele. Doch wohin führt dieser Weg, und wie sehen diese Zwischenziele aus? Kryon, Metatron und andere Wesenheiten sprechen davon, dass die Menschheit ein neues Universum erschafft, doch was bisher noch nicht bekannt gemacht wurde ist, dass wir als Menschheit mit dieser Erde, dem Sonnensystem und sogar diesem Lokaluniversum in dieses neue Universum auswandern.

Die Erde wird in eine andere Schwingung und in eine andere Dimension gebracht, und mit ihr alle, die darauf existieren. Sie ist zwar nicht die einzige, die diese Reise antritt, aber quasi das Zugpferd. Doch warum?

Tauchen wir ein in die Lebendige Bibliothek namens Erde und ihre Bibliothekare: die Menschheit!

Birgitta Winkler
Wir sind Gott
216 Seiten, A5, broschiert, vierfarbig
ISBN 978-3-941363-78-6

Entgegen einigen Prophezeiungen bleibt die Welt auch nach 2012 bestehen – allerdings ist dieses Jahr der Wendepunkt in der Entwicklung des höheren Bewusstseins der Menschen.

Nach unserer Entscheidung, dass wir unser höheres Bewusstsein, und damit unser wahres Wesen, leben wollen, folgen fünf Phasen, die jede durch ihre Besonderheiten gekennzeichnet ist.

In der 5. Phase haben wir unser Bewusstsein so weit verändert, dass unser Leben sich vollends wandelt: Es wird zu einer kunstvollen Schöpfung, in der wir uns und unser wahres Wesen frei ausdrücken.

Es liegt an uns, dass wir uns an diesem Wendepunkt entscheiden, wie wir unser Leben leben wollen. Machen wir so weiter wie bisher, oder entscheiden wir uns für das Abenteuer „wahrhaftiges Leben"?

Muriel Euphémie
Soranel – Tor der Einheit
Die Realität deines Lichtkörpers auf der Neuen Erde
272 Seiten, A5, broschiert, vierfarbig
ISBN 978-3-941363-75-5

Wie fühlt es sich an, auf der Neuen Erde zu sein? Was bedeutet es, in der Einheit mit Allem-was-ist zu leben? Was können wir tun, um unsere feinstoffliche Wahrnehmung so zu entwickeln, dass wir sie ganz präsent und bewusst spüren und erleben können? Wie können wir immer mehr mit unserem ICH BIN, unserem wahren Höheren Selbst, verschmelzen? Soranel ist der Schlüssel, der das Sternentor öffnet und im Hier und Jetzt alle Dimensionen miteinander vereint – das Tor in eine neue Welt der Einheit mit Allem-was-ist.

Liebevoll, weise und fürsorglich begleiten uns verschiedene Engel, Aufgestiegene Meister, Stern- und Lichtwesen bei der Entdeckung und Entfaltung unseres wahren Selbst. Durch die verschiedenen Übungen werden wir Schicht um Schicht gereinigt, bis unser lichtvollstes Selbst ganz zum Vorschein kommt. Bist du bereit, in eine neue Welt einzutreten? Dann begib dich hinein...

Zora Gienger
Heilkraft der Dualseelen
Gemeinsames Wirken für die Welt
200 Seiten, A5, broschiert
ISBN 978-3-941363-73-1

Dieses Buch wirft ein neues Licht auf das Thema Dualseelen. Es beschreibt, was Dualseelen sind und wie sie sich erkennen, wie sie ihre Seeleneinheit lebendig halten können und wie es möglich ist, mit der Dualseele verbunden zu sein, auch wenn man nicht weiß, wer der Dualseelenpartner ist.

Es enthält liebevollen Hinweise, wie ein erfülltes, spirituelles Leben gemeinsam mit der Dualseele gelingen kann und welch ein Segen es ist, zu wissen, dass es Dualseelen gibt. Doch es schenkt auch Trost, wenn es im Alltag zu einer eher schmerzhaften Begegnung mit der Dualseele kommen sollte. Meditationen voller Liebe, Dankbarkeit und Segen motivieren, die eigene Seelenkraft zu entfalten und voller Freude die Einheit mit der Dualseele auf der Seelenebene zu feiern – jeden Tag aufs Neue.